北大版新一代对外汉语教材·商务汉语教程系列

汉语商务通

中级口语教程

董　瑾　主编

董　瑾
范雪娇　编著

图书在版编目(CIP)数据

汉语商务通——中级口语教程/董瑾主编. —北京：北京大学出版社，2005.9
(北大版新一代对外汉语教材·商务汉语教程系列)
ISBN 978-7-301-07840-2

Ⅰ.汉… Ⅱ.董… Ⅲ.汉语-口语-对外汉语教学-教材 Ⅳ.H195.4

中国版本图书馆 CIP 数据核字(2005)第 097204 号

书　　　　名：	汉语商务通——中级口语教程
著作责任者：	董　瑾　主编
插 图 版 式：	刘德辉
责 任 编 辑：	吕幼筠
封 面 设 计：	毛　淳
标 准 书 号：	ISBN 978-7-301-07840-2/H·1157
出 版 发 行：	北京大学出版社
地　　　　址：	北京市海淀区成府路 205 号　100871
网　　　　址：	http://www.pup.cn
电 子 邮 箱：	lvyoujun99@yahoo.com.cn
电　　　　话：	邮购部 62752015　发行部 62750672　编辑部 62752028　出版部 62754962
印　　刷　　者：	北京大学印刷厂
经　　销　　者：	新华书店
	787 毫米×1092 毫米　16 开本　13.5 印张　350 千字
	2005 年 9 月第 1 版　2011 年 6 月第 4 次印刷
定　　　　价：	50.00 元（附 1 张 MP3）

未经许可，不得以任何方式复制或抄袭本书之部分或全部内容。
版权所有，侵权必究　举报电话：010-62752024
　　　　　　　　　　电子邮箱：fd@pup.pku.edu.cn

前 言

进入新世纪以来,在经济全球化的背景下,中国经济的快速发展引发了"汉语热",掌握汉语成为许多人把握机会、谋求发展的重要选择。其中,商务汉语热更是持续升温。为了适应这种需要,许多对外汉语教学机构开设了商务汉语课程,中国国家汉办也适时推出了HSK(商务)。作为从事商务汉语教学的教师,我和我的同事在教学中深切感到编写合适的教材的必要性与紧迫性。这是我们编写本套教材的最初动因。

本套教材以具有一定汉语基础的非学历生为主要对象,亦可作为经贸类及经贸汉语本科生的预备阶段的教材,也可为在华外国公司职员的自学用书。本套教材包括《中级听力教程》、《中级口语教程》及《中级阅读教程》。本套教材具有以下特点:

一、突出经贸特色,实用性强

本套教材体现了我们对商务汉语教学的性质、特点与难点的深入思考。对于专用语言教学之一的商务汉语教学,我们秉承了一贯的语料贴近生活、语境自然真实的做法,所选语料具有真实性与宽泛性。在以经贸话题为纲、突出交际功能的同时,注重商务汉语词汇的学习。这种定位是基于这样的事实:语言是学以致用的,在这里"用"包含两个层面:一是经济其实已经渗透到我们生活的方方面面,它不仅是一个学科概念,同时也是我们生活本身;二是有着巨大的市场和发展潜力的中国吸引着越来越多的留学生从事与中国有关的经贸工作。本套教材在一定程度上实现了与HSK(商务)的接轨,除了满足学生日常生活所需要的汉语表达外,也为学生搭建了通往经贸的桥梁。

二、横向联合,适用范围广

本套教材的编写者来自北京大学、对外经济贸易大学、北京师范大学及北京外交人员语言文化中心等不同的对外汉语教学机构,近年来均从事商务汉语的教学与研究工作。在教材的编写过程中彼此的想法互相碰撞与激发,故本套教材既吸收了各自院校关于商务汉语教学的课程设计、教学方法等方面的有益经验,又不囿于单一院校的教学框架,横向联合的优势使之成为适用范围广、使用弹性大的教材。

三、配套教材,各具特色,综合提高

考虑到汉语教学的一般性规律,本套教材从听、说、读三方面入手进行综合训练,以期用一年左右的时间全面提高学生的汉语特别是商务汉语水平。三册教材横向互补,同时又各具特色:《听力教程》选材轻松活泼、课文风格多样、语言生动有趣,力求激发学生的学习兴趣;《口语教程》将主课文分为一、二部分,从反映留学生的日常经济生活(租房、交通、购物、旅游等)的第一部分过渡上升到反映中国当代经济生活的深层次话题的第二部分,从简到难、从具体到抽象,使得学生在自然的状态中掌握商务汉语;《阅读教程》所选话题涉及贸易、金融、保险、营销等经贸领域,注重阅读技巧与商务汉语词汇学习的有机结合,着力提高学生对经贸时文的把握能力。

本教材已列入"中国国家对外汉语教学领导小组办公室规划教材",衷心感谢国家汉办教学处宋永波处长对本教材出版的大力支持。

本套教材在编写过程中,得到了北京大学出版社郭力老师的关心与支持,在此深表感谢。感谢责编吕幼筠女士为本套教材付出的心血,在她的鼓励、督促与建设性批评下,我们加倍努力,才使这套教材得以高效、高质的出版。感谢为本套教材辛勤工作的所有人员。

经贸汉语教学与教材的研发仍处于不断摸索的阶段,希望本套教材能对经贸汉语的教学有所帮助,我们也衷心期望来自专家、学者,特别是作为本套教材使用者的您的宝贵意见。

董 瑾
2005年4月于北京

编写说明

《汉语商务通——中级口语教程》是为具有一定汉语基础的留学生编写的中级口语教材,凡是已完成初级汉语学习的留学生,尤其是预备学习经贸专业或已在该专业学习的留学生,或者外国来华预备从事经贸行业的人员,均可使用本教材。本教材的建议教学时数为每周四课时,可使用一学年。

一、编写原则

1. 贴近留学生生活,强调实用性

考虑到本教材的适用对象为已完成初级阶段汉语学习的留学生,在角色的设置、话题的编排及语料的选择上仍注重从留学生的实际生活出发,从留学生实用及感兴趣的话题(如租房、购物、旅游等)入手,将经贸内容与词汇融入日常生活语言中,让学生在真实的场景中自然而然地掌握经贸汉语词汇。

2. 注重交际功能,快速提高汉语口语水平

本教材参照了留学生汉语教学等级大纲(中级)的相关部分,结合口语课的特点,注重交际功能。教材选用了自然而又难度适中的语料,在课文的体例、语言点注释及练习等环节上强调日常生活中的常用口语句式,加强口语训练,使学生的汉语口语水平能得到快速提高。

3. 突出经贸特色,打好专业基础

本教材在话题的选择上注重将经贸内容与日常生活结合起来,强调经贸词汇的学习。课文的两部分结合,由浅入深,目的在于扩大学生的经贸汉语词汇量,增进其对中国经济较深层次问题的了解与关注,为学生将来进一步学习经贸专业及从事与中国有关的经贸工作打好基础。本教材在一定程度上实现了与HSK(商务)的接轨。

二、教材体例

本教材采用角色设置方式,人物贯穿始终。共十五课,每课包括课文、生词语、语言点注释、练习、课后小幽默等五个部分。全书附有英文、日文及韩文对照词汇总表。

1. 课文。分为一、二两个部分:第一部分侧重留学生的日常经济生活;第二部分则在第一部分话题的基础上进一步深入探讨反映中国当代经济生活的深层次问题。

2. 语言点注释。以常用口语句式为主,附有简单明了的解释及相应的例句,便于学生模仿。

3. 练习。每课十个题型左右,围绕课文与语言点注释中的重点与难点进行,主客观题结合,使学生牢固掌握所学知识。

本教材的英文校对为葛蘅女士,日文及韩文翻译分别为商洪博女士与赵铁军先生,在此一并致谢。

编 者

2005年6月

目 录

第 一 单元	三个臭皮匠，顶个诸葛亮	1
第 二 单元	要面子还是要帮助	14
第 三 单元	我们吃什么	26
第 四 单元	在中国工作	38
第 五 单元	三里屯·后海·酒吧街	49
第 六 单元	中国的中产阶级	60
第 七 单元	促销	72
第 八 单元	中关村	83
第 九 单元	全球化	95
第 十 单元	市场调查	107
第十一单元	消费结构	119
第十二单元	租房与买房	130
第十三单元	买东西	144
第十四单元	交通工具	156
第十五单元	旅游	170
词汇总表		183

人物关系表

朴淑英
女
韩国留学生
汉语中级班学生

田中由美
女
日本留学生
汉语中级班学生，
与朴淑英同屋

杰瑞
男
美国留学生
汉语中级班学生

金在旭
男
韩国留学生
国际贸易系本科生

王浩
男
中国学生
国际贸易系本科生

丁红
女
中国学生
国际工商管理本科生，
张志诚的女朋友

张志诚
男
中国学生
中国经济研究生

刘老师
男
中国人
汉语中级班教师

第一单元 三个臭皮匠，顶个诸葛亮

课文一

(开学后第一天上课。课前,金在旭跟朴淑英谈他的小组报告)

朴淑英：你还没睡够？都休息一个星期了。

金在旭：昨天一晚上没睡觉。

朴淑英：又去酒吧了？

金在旭：什么呀？写报告呢！

朴淑英：是吗？你真厉害,越来越努力了。

金在旭：你以为我愿意这样啊？这是没办法的办法。

朴淑英：什么意思？

金在旭：今天得交小组报告,写了一夜才写完。

朴淑英：你们组里你是最能干的吧？

金在旭：别拿我开玩笑了。别人都不能写,我只好一个人写了。

朴淑英：他们为什么不能写？

金在旭：不是回国了,就是去旅游了,只剩下我一个人了,我不写谁写？

朴淑英：你们应该跟老师说说，以后放假的时候别留这么多作业，一放假就没人了。

金在旭：这是放假前两个星期就布置的。

朴淑英：那就还是你们的问题。为什么不早点儿写？

金在旭：不是不想写，是写不出来。

朴淑英：不会吧？你一个人都能写，四个人倒写不出来？

金在旭：问题就在这儿！要么没有时间开会讨论，要么争论个没完没了，然后不了了之，时间都浪费了。

朴淑英：可是你写的东西只代表你个人的看法，别人会同意吗？

金在旭：不同意就请他们自己写吧！

朴淑英：既然是小组工作，就应该一起做，大家都有责任。你应该跟他们谈一谈。

金在旭：谈也没用。

朴淑英：算了吧，你别生气了，反正就这一次。

金在旭：这是第一次！下面还有报告呢，不知道下次怎么办。

朴淑英：真的很同情你！下次我去你们组吧。

金在旭：好啊，下次我们一起写。

朴淑英：也许……下次放假……我也打算回国。

金在旭：什么？那我们不敢要！

课文二

杰　瑞：又是小组讨论，真没意思。我喜欢一个人做事。

王　浩：跟你相反，我最喜欢跟别人讨论了。

杰　瑞：我觉得小组讨论有几大缺点：第一，浪费时间，没有效率;第二,干活儿的少,不干活儿的多;第三,很难配合,不如一个人干省心。

王　浩:好像是这么回事儿。但是我看到的是另一面:"三个臭皮匠,顶个诸葛亮。"

杰　瑞:什么意思?

王　浩:就是说几个人一起工作比一个人工作质量高。

杰　瑞:你还有什么理由?

王　浩:当然有了,我还能从别人那里学到很多东西。这叫:"三人行,必有我师。"

杰　瑞:这又是什么意思?

王　浩:这是说在你的朋友里一定有人比你知道的多,你可以向他们学习;还有,就是将来你不可能总是一个人工作,总是要跟别人合作,所以这种团队工作精神很重要。

杰　瑞:如果有不负责、不合作或不会干的人怎么办?

王　浩:这很正常,有很多办法解决。比如给每个人明确的责任,想办法让大家合作,并根据每个人的能力分配工作。总之,要想办法发挥每个人的特长。这样,三个臭皮匠,就顶一个诸葛亮。

杰 瑞：我觉得有的人没有特长。

王 浩：这就是你的不对了，其实谁都有特长。就拿我们组来说吧：有的人电脑技术好，就负责设计；有的人写作好，就负责修改报告；有的人善于了解市场，就帮助分析材料。只要发挥每个人不同的作用，就一定能写出很好的报告。

杰 瑞：可是你不觉得有的人很难合作吗？

王 浩：也可能是你没有找到跟他合作的方法。我觉得在一个小组里，积极的态度、互相的信任和充分的交流是最重要的。不要总是抱怨别人，首先要相信每个人都有能力，然后把每个人的特长发挥出来。怎么样，试试我说的办法，也许你会喜欢这种学习方式。

杰 瑞：说得有道理，下次我就试一试。

王 浩：不是下次，是从这次就开始。

杰 瑞：好，今天就开始。

生词语

1. 谈	（动）	tán	to talk to
2. 厉害	（形）	lìhai	severe; terrible
3. 努力	（形）	nǔlì	to work hard
4. 以为	（动）	yǐwéi	to think; consider
5. 愿意	（动）	yuànyì	to would like to; be willing to
6. 夜	（名）	yè	night
7. 能干	（形）	nénggàn	to be capable

8. 玩笑	（名）	wánxiào	joke
9. 放假		fàng jià	to take a holiday
10. 争论	（动）	zhēnglùn	to discuss; to argue
11. 不了了之		bùliǎoliǎozhī	end up with nothing definite
12. 浪费	（动）	làngfèi	to waste
13. 代表	（动）	dàibiǎo	to represent
14. 个人	（形）	gèrén	to be individual
15. 大家	（代）	dàjiā	everybody
16. 责任	（名）	zérèn	responsibility
17. 算了	（动）	suànle	let it be; let it pass
18. 反正	（副）	fǎnzhèng	anyway
19. 同情	（动）	tóngqíng	to sympathize with
20. 相反	（形）	xiāngfǎn	on the contrary
21. 缺点	（名）	quēdiǎn	disadvantage; shortcoming
22. 效率	（名）	xiàolǜ	to be efficiency
23. 省心	（形）	shěngxīn	to save worry
24. 质量	（名）	zhìliàng	quality
25. 理由	（名）	lǐyóu	reason; excuse
26. 合作	（动）	hézuò	to cooperate
27. 团队	（名）	tuánduì	team
28. 负责	（动）	fùzé	with responsibility for
29. 正常	（形）	zhèngcháng	to be normal
30. 明确	（形）	míngquè	to be clear; definite
31. 能力	（名）	nénglì	ability
32. 分配	（动）	fēnpèi	to assign; to allot
33. 总之	（连）	zǒngzhī	in conclusion; in short
34. 发挥	（动）	fāhuī	to bring into play; to exert
35. 特长	（名）	tècháng	one's strong suit
36. 修改	（动）	xiūgǎi	to amend; to revise

37. 善于	（动）	shànyú	to be good at
38. 作用	（名）	zuòyòng	function; effect
39. 积极	（形）	jījí	to be active; to be positive
40. 态度	（名）	tàidù	attitude
41. 信任	（名）	xìnrèn	belief
42. 充分	（形）	chōngfèn	to be adequately; to be fully
43. 交流	（动）	jiāoliú	to communicate
44. 抱怨	（动）	bàoyuàn	to complain
45. 相信	（动）	xiāngxìn	to believe

 注　释

1. **三个臭皮匠，顶个诸葛亮。**

    诸葛亮(公元181—234年)，字孔明。中国三国时期政治家、军事家，被认为是最聪明的人。"三个臭皮匠，顶个诸葛亮"比喻如果人多，办法也就多。

    例句：

    1) 不是说"三个臭皮匠，顶个诸葛亮"吗？我们几个人一定能干得很好。

    2) 人多办法就多。"三个臭皮匠，顶个诸葛亮。"

2. **什么呀？写报告呢！**

    "什么"，在这里表示否定，即不同意对方的看法、说法。

    例句：

    1) A：这个月你的工作做得最好了。

        B：什么呀？比我好的人还多着呢！

    2) A：只有小刘才知道最新的消息。

        B：什么呀？我才不相信呢！

    3) A：今天小王一定会迟到。

        B：什么呀？他才不会迟到，还有一分钟呢。

3. 不是回国了,就是去旅游了,只剩下我一个人了。

"不是……就是……"表示列举,强调只有所列举的两种情况,不超出这个范围。

例句:

　　1) 小王常常迟到,不是病了,就是车坏了。

　　2) 找到一个合适的工作真不容易,不是工资太低,就是工作条件太差。

　　3) 我想找的人不是休假了,就是去开会了,一个也不在。

4. 我不写谁写?

反问句,前面一部分用"不"否定,后面一部分用特指问句的形式。全句的意思在于强调前一个部分的肯定形式,在这句中就是"我得写"。

例句:

　　1) 这个工作你不做谁做?

　　2) 工作是你做的,你不介绍谁介绍?

　　3) 王先生是你的客户,你不给他打电话谁打?

5. 一放假就没人了。

"一……就……",是一种紧缩复句,表示假设、条件关系。

例句:

　　1) 一下班大家就走了。

　　2) 老板一来就没有人说话了。

　　3) 你一说我就明白了。

6. 一个人都能写,四个人倒写不出来。

"倒"表示跟一般情理相反,反而、反倒,或者跟事实相反。

例句:

　　1) 上次你三天就干完了,这次一个星期倒没干完?

　　2) 这个消息别的公司的人都知道了,我们公司的人倒不知道。

　　3) 不该干的事我干了,应该干的倒忘了。

7. 要么没有时间开会讨论,要么争论个没完没了。

"要么"是表示选择的词语,强调只有所说的这几种选择。

例句:

1) 我下个星期休假,你要么现在跟我谈,要么等我回来。

2) 要么请这个公司做,要么请那个公司做,我们得马上决定。

3) 要么去,要么不去,但是不要迟到。

8. **算了吧,你别生气了。**

"算了吧",常用于口语,表示要结束一件事或者一个话题,不再做或不再谈。

例句:

1) 算了吧,别着急了,急也没用。

2) 现在还有人没来。算了,我们不等了。

3) 算了,我们换一个办法吧,这样做可能不行。

9. **反正就这一次。**

"反正"表示情况虽然不同,可是结果都一样。常跟"无论"、"不管"或表示正反两种情况的词语一起使用。

例句:

1) 我们回家吧,反正今天也做不完了。

2) 再等等吧,反正已经等这么长时间了。

3) 别请他了,反正他也不会来。

10. **好像是这么回事儿。**

"是这么回事"的意思是"是这样"。否定形式是"不是这么回事",意思是不是这样。

例句:

1) 你说的好像是这么回事,我觉得也是这样。

2) 好像是这么回事,又好像不是这么回事,我也不太清楚。

3) 你们别讨论了,不是这么回事。

11. **三人行,必有我师。**

出自中国古代典籍《论语·述而》。"三人",泛指几个人;"必",一定、必定。这句话的字面意思是几个人在一起行走,其中一定有人可以做我的老师。比喻要善于向别人学习。

例句：

1) 我喜欢跟别人一起工作，"三人行，必有我师"，我能学到很多东西。

2) 不要小看小组讨论，"三人行，必有我师"，你相信吗？

12. **这就是你的不对了，其实谁都有特长。**

"这就是你的不对了"是一种口气比较缓和的批评。

例句：

1) A：这个人一点儿优点也没有。

B：这就是你的不对了，他肯定有优点，只是你没有发现。

2) A：老板好像不喜欢我。

B：这就是你的不对了，他是对工作，不是对人。

 练 习

一 根据课文内容用所给的词语回答问题

1. 朴淑英认为金在旭一个人写报告说明了什么？（能干）

2. 金在旭的小组讨论效率高吗？（不了了之）

3. 朴淑英认为应该怎么解决这个问题？（既然……就……）

4. 朴淑英可能跟金在旭在一个小组吗？（打算）

5. 杰瑞为什么不喜欢小组工作？（第一，……；第二，……；第三，……）

6. 王浩为什么觉得小组工作重要？（团队）

7. 怎样才能提高小组工作的效率？（明确、发挥）

8. 在小组工作中，应该有什么样的态度？（积极、互相、充分）

9. 王浩怎么认识一个组里有的人不负责和有的人不合作的情况？（正常）

二 在不改变原句意思的前提下，用所给的词语改写画线部分

相反　配合　负责　效率　分配　团队　发挥　充分　信任

1. 新闻报道跟实际情况<u>不一样</u>。

2. 讨论了三个小时也没结果,太浪费时间了,我觉得没有必要再讨论了。
3. 不能只会一个人工作,得学会跟别人一起干。
4. 我们是一个小组,应该互相帮助。
5. 如果出了问题,应该是谁的责任?
6. 在一个团队中,相信别人是最重要的。
7. 小王很有能力,可是好像他对我们的工作没有帮助。
8. 老张的身体不好,不要给他太多工作。
9. 因为两个星期才见一次面,所以大家交流得很不够。

三　请仿照例子补充空白部分的词语,并扩展成一句话

例：努力学习　努力工作　小王每天都努力工作。

1. 浪费时间　浪费＿＿＿＿＿＿＿＿
2. 互相信任　互相＿＿＿＿＿＿＿＿
3. 善于分析　善于＿＿＿＿＿＿＿＿
4. 积极合作　＿＿＿＿＿＿合作
5. 充分交流　＿＿＿＿＿＿交流

四　仿照例句,用画线的词语对 A 的话做出回应

1. 例句：你以为我愿意这样啊！这是没办法的办法！
   A：你怎么能一个人写报告呢,应该听听别人的意见。
   B：

2. 例句：你一个人都能写,四个人倒写不出来?
   A：我今天真的干不完了。
   B：

3. 例句：要么没有时间开会讨论,要么争论个没完没了。
   A：还有两天就要交报告了,我们还没开始写,现在怎么办?
   B：

4. 例句：我们组的人不是回国了,就是去旅游了,只剩下我一个人了。
   A：你今天很不高兴,电脑又坏了吧?

B：

5. 例句：<u>我不写谁写</u>？

  A：我已经有很多工作了，不能再干了。

  B：

6. 例句：<u>算了吧</u>，你也别生气了，反正就这一次。

  A：我想换个工作，因为这个公司天天加班。

  B：

7. 例句：好像是<u>这么回事儿</u>，但是我看的是另一面。

  A：又开会！这么小的事非开会不可，有什么意思？

  B：

8. 例句：<u>这就是你的不对了</u>。谁都有优点，就拿我们组来说吧……

  A：既然大家都不喜欢我，我只好离开这个公司了。

  B：

9. 例句：一放假人<u>就</u>没了。

  A：这个问题不简单，我说明白了吗？

  B：

五　用自己的话解释这些词语或说法

1. 三个臭皮匠，顶个诸葛亮：

2. 三人行，必有我师：

3. 好像是这么回事儿：

4. 这就是你的不对了：

六　请用所给的词语完成下列句子

1. 我们公司每个人都认真工作，所以老板＿＿＿＿＿＿＿＿＿＿＿＿。（省心）

2. 我真的不明白她的意思，_____。（态度）

3. 如果有意见就说出来，_____。（抱怨）

4. 我们叫了他几次,他才来开会,_____。（积极）

5. 就你一个人写报告？_____。（同情）

6. 每个人都知道开会的事,可是谁也没告诉我,_____。（故意）

7. 我希望大家告诉我对这个计划的意见,_____。（不了了之）

8. 这个报告写得不好,是因为_____。（分析）

9. 要想组织活动就找王浩帮忙,他_____。（善于）

10. 明天我们在这里开会,_____。（布置）

11. 十个人一起做这个工作？太多了！_____。（分配）

七 — 你同意下面的看法吗

1. 几个人一起工作比一个人工作效率高。

2. 三人行,必有我师。

3. 在现代社会里,团队合作精神很重要。

八 — 请根据参考词汇回答下面的问题

效率　质量　合作　浪费　解释　直接　交流　信任　抱怨　积极
态度　特长　负责　修改　省心　发挥

1. 团队工作的优点是什么？

2. 团队工作中,什么态度和做法是不好的？

3. 在一个大组中,如果有一个人不认真工作,你怎么办？在一个小组中呢？

4. 如果组里的人都不听你的意见,你怎么办？

九 — 课外活动

请跟几个同学合作,写一个调查报告。

小幽默

坐位不同

"怎么啦？服务员，今天的饭菜怎么这么少？昨天可是很多的！"

"先生，因为您昨天坐在靠窗的坐位，街上的人都能看到您的饭菜呀！"

1. 坐位	zuòwèi	seat
2. 靠窗	kàochuāng	next to the window

第二单元　要面子还是要帮助

课文一

田　　中：淑英,你是不是觉得我不会跟人交流呢?

朴淑英：没有呀。

田　　中：你是不是觉得我学习态度不认真呢?

朴淑英：也没有呀,你挺认真的。

田　　中：那你觉得我……

朴淑英：出什么事了?

田　　中：今天开会的时候,他们给我提了很多意见。

朴淑英：开会的时候? 当着那么多人的面?

田　　中：对呀。让我很难为情!

朴淑英：你对他们有意见吗?

田　　中：当然有了! 有的人每次开会都迟到,有的人一开会就聊天儿,还有的人从来都不能按时完成自己的工作。

朴淑英：那你说了吗?

田　　中：没有,我可说不出口。多影响关系呀!

朴淑英：他们给你提意见的时候,你解释了吗?

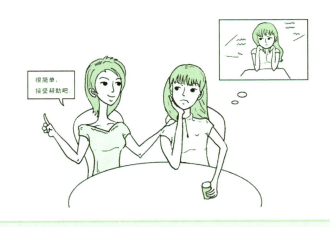

田　中：也没有。怎么解释?

朴淑英：你不解释,又不高兴,这样很容易造成误会。现在你打算怎么办?

田　中：我不想留在这个组了,我想去别的组。

朴淑英：这样不好吧。有时候,别人提意见不是坏事。如果是你的问题,以后注意就行了;如果不是你的问题,就解释一下。大家都直接说出自己的想法,没什么不好。

田　中：如果是你,你能直接说吗?

朴淑英：有时候我也不好意思。我已经暗示给他们了,可是他们感觉不到。

田　中：我觉得跟西方人交流很难,有时看起来很明显的意思他们都不懂,真没办法。

朴淑英：其实,他们也抱怨东方人说话不直接。他们认为直接说出意见是在帮助你,不然你怎么知道自己的缺点?

田　中：也许这就是文化差异吧。

朴淑英：说归说,做归做。咱们还得解决眼前的问题。

田　中：怎么办?

朴淑英：很简单,接受帮助吧。

课文二

(杰瑞跟王浩谈在日本公司工作的情况)

杰　瑞：王浩,我问你,如果下班时间到了,可是办公室里谁也不走,我该怎么办?

王　浩：你当然也不能走了。

杰　瑞：为什么？

王　浩：大家都在加班，你好意思走吗？

杰　瑞：可是合同上说我每天的工作时间是八个小时。

王　浩：合同是合同，习惯是习惯。

杰　瑞：非加班不可？

王　浩：入乡随俗嘛，这是最好的办法。不过，跨国公司内部的文化差异是现在很热门的话题。

杰　瑞：我觉得应该讨论讨论怎样减少文化差异，否则太容易造成误会了。

王　浩：这恐怕不太可能。文化差异不会减少，只能越来越多。别忘了，现在是全球化的时代，是跨国公司越来越多的时代。

杰　瑞：看来一个企业要想经营得好，就得适应当地的文化。

王　浩：确实是这样。

杰　瑞：有人抱怨在中国经商得应付很多宴会，这也是文化差异的问题吗？

王　浩：我觉得是，中国人喜欢先建立关系，再谈生意。

杰　瑞：所以要想在中国经商,就得适应这个情况。

王　浩：因为没有处理好文化差异而失败的例子太多了。

杰　瑞：你还有什么高见?

王　浩：还有一点,不过可不是我的高见,就是不同国家的企业文化很不相同。

杰　瑞：没错! 比如说,有的国家的企业鼓励创新,有的避免风险,有的重视吸引人才,有的重视员工培训。

王　浩：所以,作为一个员工,你也得适应企业的文化环境,否则很难干下去。

杰　瑞：反正我也没别的办法了,适应就适应吧。

王　浩：总之,文化差异是跨国公司面临的一大挑战。管理者对不同文化了解得越多,成功的可能性也就越大。

杰　瑞：对个人来说,也应该学会处理文化差异问题。不过,除了每天加班!

生 词 语

1. 提意见		tí yìjiàn	to advise; to make remarks
2. 当面		dāng miàn	face to face
3. 难为情	(形)	nánwéiqíng	to feel shame
4. 聊天儿		liáo tiānr	to chat
5. 从来	(副)	cónglái	ever; always
6. 按时	(副)	ànshí	on schedule
7. 完成	(动)	wánchéng	to accomplish; to finish

8. 影响	（动）	yǐngxiǎng	to influence
9. 解释	（动）	jiěshì	to explain
10. 造成	（动）	zàochéng	to cause
11. 误会	（名）	wùhuì	misunderstanding
12. 打算	（动）	dǎsuan	to intend
13. 直接	（形）	zhíjiē	direct
14. 暗示	（动）	ànshì	to imply; drop a hint
15. 感觉	（动）	gǎnjué	to feel; to become aware of
16. 明显	（形）	míngxiǎn	obvious
17. 差异	（名）	chāyì	difference
18. 眼前	（名）	yǎnqián	at the moment; at present
19. 接受	（动）	jiēshòu	to accept
20. 加班		jiā bān	work an overtime shift
21. 合同	（名）	hétong	contract
22. 入乡随俗		rùxiāngsuísú	While in rome, do as rome dose.
23. 跨国公司		kuàguó gōngsī	multinational corporation
24. 内部	（名）	nèibù	inside
25. 热门	（名）	rèmén	popular
26. 减少	（动）	jiǎnshǎo	to decrease
27. 否则	（连）	fǒuzé	otherwise
28. 全球化	（动）	quánqiúhuà	globalization
29. 企业	（名）	qǐyè	corporation
30. 经营	（动）	jīngyíng	to manage
31. 适应	（动）	shìyìng	to adapt; to get used to
32. 当地	（名）	dāngdì	local
33. 确实	（副）	quèshí	indeed; really
34. 应付	（动）	yìngfù	to deal; to cope with
35. 建立	（动）	jiànlì	to set up; to build
36. 关系	（名）	guānxi	relation; connection

37. 生意	（名）	shēngyi	business
38. 经商		jīng shāng	to do business
39. 情况	（名）	qíngkuàng	situation
40. 处理	（动）	chǔlǐ	to deal with; to cope with
41. 鼓励	（动）	gǔlì	to encourage
42. 创新	（动）	chuàngxīn	to create
43. 避免	（动）	bìmiǎn	to avoid
44. 风险	（名）	fēngxiǎn	risk
45. 重视	（动）	zhòngshì	pay great attention to
46. 吸引	（动）	xīyǐn	to attract
47. 人才	（名）	réncái	a talented person
48. 员工	（名）	yuángōng	employee
49. 培训	（名）	péixùn	training
50. 面临	（动）	miànlín	to face
51. 挑战	（名）	tiǎozhàn	challenge
52. 了解	（动）	liǎojiě	to understand
53. 可能性	（名）	kěnéngxìng	possibility

 注　　释

1. 当着那么多人的面？

"当"，介词，后面常常加"着"，表示事情发生的处所，用在句首或者动词前做状语。

例句：

1) 打电话不如当面谈。

2) 小王从来不当面说出他的意见。

3) 我认为你应该当着大家的面解释一下这个问题。

2. 我可说不出口。

"可",副词,表示强调语气,多用于口语。可以跟动词、形容词。

例句:

1) 我可不想每天加班,多没意思呀。
2) 我可没有那么多时间再解释一遍,已经解释了好多次了。
3) 我写得可不快。

3. 他们认为直接说出意见是在帮助你,不然你怎么知道自己的缺点?

"不然(要不然)",表示如果不是这样,否则。是对上文的假设性否定并指出否定的结果或者表示提供另外一种选择。

例句:

1) 先问清楚再开始写,不然很容易写错了。
2) 你得了解一下这个公司的内部情况,不然怎么知道是不是适合你。
3) 早点儿出门吧,不然又要迟到了。

4. 说归说,做归做。

"归",动词,用在相同的动词、名词、形容词或相同的动词性、名词性、形容词性结构中间,前一个"归"表示让步,有"虽然"的意思,后一个"归"有"终归"的意思。这句话是转折复句,语义重点在后一分句。

例句:

1) 生气归生气,千万不要影响了工作。
2) 说归说,该做的工作我都做了。
3) 提意见归提意见,不要影响了个人关系。

5. 合同是合同,习惯是习惯。

"是"前后的词语相同,可以表示让步和确认、肯定的意思。第一个"是"有"虽然"的意思,第二个"是"有"肯定"的意思。这是表示转折关系的复句,句子的重点在后一个分句,意思是虽然有合同,但是习惯更重要。

例句:

1) 朋友是朋友,生意是生意,即使是跟朋友做生意,也应该有合同。
2) 工作是工作,生活是生活,不要因为工作忙影响了生活。

6. 非加班不可?

"非",副词,表示一定要这样,后面常常跟动词,可以单独使用,也可以跟"不行"、"不可"一起使用。

例句:

1) 今天这个报告非写完不可。
2) 今天的宴会你非来参加不可。
3) 今天晚上非加班不可吗?我想早点儿回家。

7. 反正我也没别的办法了,适应就适应吧。

"就"用在两个相同的词语中间,表示让步、容忍。

例句:

1) 加班就加班吧,反正我今天没有别的事。
2) 让你写报告就写吧,如果有问题就问我。
3) 累点儿就累点儿吧,反正就干这一天。

 练 习

一 ——— 根据课文内容用所给的词语回答问题

1. 田中为什么不高兴?(提意见、难为情)
2. 田中觉得她的同学什么地方做得不好?(迟到、聊天)
3. 田中为什么不愿意直接说出自己的意见?(影响关系)
4. 如果不好意思直接提意见,朴淑英认为还可以怎么做?(暗示)
5. 朴淑英认为西方人为什么喜欢直接说出意见?(帮助)
6. 王浩怎么看合同上说的每天工作八个小时?(合同、习惯)
7. 王浩认为为什么不可能减少文化差异?(全球化、跨国公司)
8. 杰瑞认为不同国家的企业文化有什么不同?(鼓励、避免、重视)
9. 王浩认为企业怎么做才能经营得好?(适应、了解)

二　在不改变原句意思的前提下，用所给的词语改写画线部分

按时　完成　避免　造成　暗示　入乡随俗　可能性　创新　内部　风险

1. 等<u>做完</u>了这个项目，我就去旅行。
2. 你最好解释一下这不是你的责任，如果他们不知道，就<u>可能有</u>麻烦。
3. 有意见就直接说，如果<u>不直接说会造成</u>误会。
4. 你的想法很好，但是我觉得<u>很不容易做到</u>。
5. <u>当地人怎么做，我们就怎么做</u>，这样就可以避免很多问题。
6. 多想一想就可以<u>不出错误</u>。
7. 过去的做法不是不好，但是现在我们应该<u>做得更好</u>。
8. 投资股市<u>不一定就是安全的</u>。
9. 明天的会很重要，我希望大家都<u>不要迟到</u>。
10. 这是我们<u>自己</u>的问题，跟客户没有关系。

三　请仿照例子补充空白部分的词语，并扩展成一句话

例：努力学习　努力<u>工作</u>　小王每天都努力工作。

1. 交流意见　　　　交流_____
2. 按时完成　　　　按时_____
3. 造成误会　　　　造成_____
4. 建立关系　　　　_____关系
5. 当着那么多人的面　当着_____的面

四　仿照例句，用画线的词语对A的话做出回应

1. 例句：<u>当着这么多人的面</u>？
   A：你应该解释一下你上班的时候为什么喝酒。
   B：

2. 例句：……<u>让我很难为情</u>！
   A：小王，是你错了，你应该向她道歉。
   B：

3. 例句：我可说不出口。多影响关系呀！
   A：王浩，如果你需要钱就直接说。
   B：

4. 例句：他们认为直接说出意见是在帮助你，不然你怎么知道做的对不对？
   A：我的车坏了，不可能按时到公司。
   B：

5. 例句：说归说，做归做。咱们还得解决眼前的问题。
   A：如果谁都不负责任，我也不负责任了。
   B：

6. 例句：合同是合同，习惯是习惯。习惯是不成文的规定。
   A：小王是我的朋友，可是在公司他是我的老板，我很不习惯。
   B：

7. 例句：非加班不可？
   A：你今天最好把工作都做完。
   B：

8. 例句：没错！比如说，有的国家的企业鼓励创新，有的避免风险。
   A：如果不直接提意见，就不能解决问题；如果直接说出来，会让人不好意思。
   B：

9. 例句：反正我也没别的办法了，适应就适应吧。
   A：你提了意见以后，小王好像很不高兴。
   B：

五　用自己的话解释下列词语或说法

1. 难为情：

2. 合同是合同，习惯是习惯：

3. 入乡随俗：

4. 非加班不可：

六 请用所给的词语完成下列句子

1. 我的老板太厉害，＿＿＿＿＿＿＿＿＿＿＿＿＿＿＿＿＿＿＿＿＿。（提意见）
2. 小王做事我很放心，＿＿＿＿＿＿＿＿＿＿＿＿＿＿＿＿＿＿。（按时完成）
3. 我实在看不出这个报告有什么问题，＿＿＿＿＿＿＿＿＿＿＿＿＿。（明显）
4. 我们都在帮助小王，可是＿＿＿＿＿＿＿＿＿＿＿＿＿＿＿＿＿。（感觉）
5. 小王觉得自己的看法最好，＿＿＿＿＿＿＿＿＿＿＿＿＿＿＿＿。（接受）
6. 我不明白杰瑞的话是什么意思，＿＿＿＿＿＿＿＿＿＿＿＿＿＿。（暗示）

七 你同意下面的看法吗

1. 直接提意见会让人难为情。
2. 如果别人加班，你也得加班。
3. 避免文化差异是解决问题的最好办法。

八 请根据参考词汇回答下面的问题

影响　眼前　尽量　接受　解释　明显　误会　暗示　当面　避免　处理

1. 老板觉得你工作不努力，你怎么办？
2. 你不喜欢自己的工作，但是很喜欢你的公司，你会离开这个公司找别的工作吗？
3. 你们国家的公司有什么特点？

九 课外活动

讨论一下你感觉到的文化差异，谈一谈应该怎么处理这些问题。

小幽默

应 酬

老王工作很忙,总是不能回家吃晚饭。一天,八岁的孩子问他:"爸爸,你为什么不回家吃饭?"老王说:"爸爸工作忙,有很多应酬。"孩子问:"什么是应酬?""就是你不想做可是不得不做的事。"

第二天早上,老王对孩子说:"该上学了,快点儿。"孩子说:"唉,我又得去应酬了。"

| 应酬 | yìngchou | dinner party; social intercourse |

第三单元　我们吃什么

课文一

(杰瑞和王浩在回学校的路上)

杰　瑞：你等我一会儿，我去买点儿薯条。
王　浩：还有一个小时就吃饭了，你就不能坚持一下？
杰　瑞：我坚持不了了，去麦当劳坐会儿，我请客。
王　浩：你看，前面就是校门，我们回去吃。
杰　瑞：好，听你的。(进了学校)我们先去餐厅吃饭吧，我都走不动了。
王　浩：再坚持一下，去我那里，我给你做饭。
杰　瑞：什么？你做饭？那得等到猴年马月了！

王　浩：你不是早就想吃我做的饭了吗？
杰　瑞：是啊！不过你今天好像很奇怪，什么都不吃，为什么？
王　浩：还不是为了给你省钱吗？
杰　瑞：鬼才相信！想减肥了吧？
王　浩：也不是。

杰　瑞：一定有秘密。
王　浩：没有。现在哪儿敢在外面吃东西呀！
杰　瑞：怎么了？
王　浩：不仅不卫生，而且不安全。
杰　瑞：不至于吧！你太小心了。
王　浩：你看看报纸上、电视上都有这种报道，还是自己做饭比较放心。
杰　瑞：原来是这么回事。我就不在乎，该吃什么就吃什么。你看我不是也活得好好的吗？
王　浩：时间长了就会出问题的。
杰　瑞：那你吃什么？
王　浩：绿色食品。
杰　瑞：绿色食品就安全吗？不见得！按照你的逻辑，别人做的都不安全，那绿色食品也是别人做的，还不如你都自己生产呢！
王　浩：现在是第一步，自己做饭。
杰　瑞：第二步就是自己种菜了吧？
王　浩：问题是我从来没种过菜，可能会有困难，再说环境污染也是问题。
杰　瑞：什么？你还真想自己种菜？你觉得冷吗？发烧了吧？

课文二

丁　　红：志诚，如果可以再选一个专业，你选什么？
张志诚：没想过。你想选什么？

丁　红：消费者专业。

张志诚：从来没听说过呀。

丁　红：很快就会成为热门专业的。你不觉得吗？在现代社会里，当消费者也不容易。

张志诚：有同感。第一，同一种商品选择范围太大；第二，产品更新换代的速度太快，要学习的新知识太多。

丁　红：所以我只买我熟悉的知名企业的知名品牌，这样避免了选择的麻烦，而且这些厂家的服务也很周到。

张志诚：我也是。知名品牌的产品质量有保证。最让人受不了的是极个别厂家只想着利润，不顾产品质量。

丁　红：所以得学习怎么当消费者。

张志诚：学什么？

丁　红：比如说吧，食品消费者专业参观生产食品的厂家，学习食品的生产过程、食品安全意识、安全信息和相关法律等等。

张志诚：这么多呀。除了买食品，我还得买别的，是不是还得学服装消费者、生活用品消费者专业？什么时候才能学完呢！

丁　　红：所以有句话说"活到老,学到老"嘛。

张志诚：这种保护权益的办法也太累了,应该有其他措施,比如说,严格检查食品质量,制定卫生标准。

丁　　红：如果每个人都学了消费者学,不合卫生标准的产品就不能出厂,出了厂也不能进商店,进了商店也不会进厨房。

张志诚：消费者的努力只是一个方面,消费者组织也应该发挥作用,监督食品行业的厂家、商家。

丁　　红：其实这种问题还会给厂家造成经济损失。

张志诚：可不是嘛！当然会减少利润和出口。

丁　　红：我希望政府、消费者组织、厂家商家和消费者个人能一起努力,保证食品安全。

张志诚：如果是这样,你就不用再"学习"了。

生词语

1. 薯条	（名）	shǔtiáo	french fry
2. 坚持	（动）	jiānchí	to stick to
3. 猴年马月		hóuniánmǎyuè	God knows how long.
4. 鬼	（名）	guǐ	ghost
5. 减肥		jiǎn féi	to loose fat
6. 秘密	（名）	mìmì	secret
7. 卫生	（名）	wèishēng	sanitation
8. 安全	（名）	ānquán	safety
9. 至于	（动）	zhìyú	as far as

10. 小心	（形）	xiǎoxīn	be careful of
11. 放心	（形）	fàngxīn	feel safe; be at ease; don't worry
12. 原来	（副）	yuánlái	indicates discovery of the truth of a situation
13. 活	（动）	huó	to live
14. 按照	（介）	ànzhào	according to; in term of
15. 逻辑	（名）	luóji	logic
16. 不如	（动）	bùrú	to be not as good as
17. 步	（名）	bù	step; pace
18. 种	（动）	zhòng	to plant; to cultivate
19. 消费者	（名）	xiāofèizhě	consumer
20. 同感	（名）	tónggǎn	same feeling
21. 选择	（动）	xuǎnzé	choose; choice
22. 范围	（名）	fànwéi	range
23. 速度	（名）	sùdù	speed
24. 知名	（形）	zhīmíng	famous
25. 品牌	（名）	pǐnpái	brand
26. 周到	（形）	zhōudào	thoughtful
27. 厂家	（名）	chǎngjiā	factory
28. 保证	（动）	bǎozhèng	to guarantee
29. 利润	（名）	lìrùn	profit
30. 过程	（名）	guòchéng	process
31. 意识	（名）	yìshí	consciousness
32. 信息	（名）	xìnxī	information
33. 相关	（动）	xiāngguān	be interrelated
34. 权益	（名）	quányì	rights and interests
35. 措施	（名）	cuòshī	measurement
36. 严格	（形）	yángé	strict; rigid
37. 检查	（动）	jiǎnchá	to examine; to inspect

38. 制定	（动）	zhìdìng	to constitute; to establish
39. 标准	（名）	biāozhǔn	standard; criteria
40. 组织	（名）	zǔzhī	organization
41. 监督	（动）	jiāndū	to supervise
42. 行业	（名）	hángyè	a sector of industry; commerce
43. 损失	（名）	sǔnshī	the loss

 注　释

1. 还不是为了给你省钱吗？

    "不是……吗"的句式是反问句的一种，强调肯定的意思，在这句里的意思是"就是为了给你省钱"。

    例句：

    1) 我没出去玩儿，还不是为了等你？

    2) 我选了这个工资低的工作还不是为了离家近？

    3) 他每天就吃一顿饭还不是为了减肥？

2. 鬼才相信！想减肥了吧？

    "才"，副词，有强调的语气，这里表示只有在某种条件下才会发生。课文里说只有"鬼"才相信，意思是"我根本不相信你的说法"。

    例句：

    1) 鬼才相信这个项目能赚钱。

    2) 这是他写的？当着我的面写我才相信。

    3) 知名品牌就一定放心？用过以后才知道放心不放心。

3. 不至于吧！

    "至于"表示发展到某种程度了，常用否定式"不至于"，前面常加"总"、"该"等副词。

例句：

    1）现在才早上十点你就累了，不至于吧。

    2）你总不至于什么都没听懂吧？

    3）不至于只有你一个人知道他的电话吧？

4. **原来是这么回事。**

    "原来"，发现了过去不知道的情况，有强调刚刚知道的意思。

例句：

    1）A：我的手机坏了，所以不能给你回电话。

        B：原来是这么回事，我还以为出什么事了呢。

    2）我找了你一个下午，原来在这儿。

5. **绿色食品就一定安全吗？不见得。**

    "不见得"是口语，表示不同意对方的意见。

例句：

    1）他能干这个工作吗？不见得！

    2）大家都同意的决定就是对的吗？不见得！

    3）自己做饭就一定卫生吗？不见得！

6. **让人受不了的是……**

    "受不了"，肯定形式是"受得了"，动词"受"与"得/不+了"构成可能补语的一种形式，表示主、客观条件是否允许出现这种情况。

例句：

    1）每天上班的时候都堵车，我真受不了。

    2）别说了，以后让你受不了的事情还多呢。

    3）这点儿小事没什么受不了的。

7. **活到老，学到老。**

    俗语。一直坚持学习，不放松。

例句：

    1）活到老，学到老，学习没有完的时候。

    2）新技术什么时候才能学完呀！那句话说得真对："活到老，学到老。"

 练 习

一 根据课文内容用所给的词回答问题

1. 王浩为什么不在外面吃饭？（卫生、安全）
2. 杰瑞担心食品问题吗？（在乎）
3. 杰瑞认为按照王浩的逻辑，他应该吃什么？（生产）
4. 丁红为什么要学消费者专业？（当）
5. 丁红平时买什么样的产品？（知名、周到）
6. 丁红认为消费者专业应该学习什么？（意识、信息、相关）
7. 张志诚觉得作为消费者自己保护自己的方法好不好？（措施）
8. 食品安全问题对厂家有什么影响？（损失、利润）

二 在不改变原句意思的前提下，用所给的词语改写画线部分

消费者　措施　厂家　知名　利润　意识　信息　相关

1. 每个人都应该<u>知道注意食品安全</u>。
2. 政府应该保护<u>买东西的人</u>的权益。
3. <u>生产食品的工厂</u>的利润了受到损失。
4. 你有什么<u>办法</u>解决这个问题？
5. 我们是这个行业里<u>有名</u>的企业。
6. 今年我们公司<u>挣的钱</u>很少。
7. 请找一些跟出口<u>有关系</u>的新闻。
8. <u>消费者喜欢什么，不喜欢什么</u>对厂家很重要。

三 请仿照例子补充空白部分的词语并扩展成一句话

例：努力学习　努力工作　<u>小王每天都努力工作</u>。

1. 绿色食品　绿色_____
2. 安全意识　_____意识
3. 食品安全　_____安全

4. 制定标准　制定＿＿＿＿＿＿＿＿＿＿

5. 知名品牌　知名＿＿＿＿＿＿＿＿＿＿

6. 相关法律　相关＿＿＿＿＿＿＿＿＿＿

四　仿照例句,用画线的词语对 A 的话做出回应

1. 例句：<u>还不是</u>为了给你省钱。

   A：你怎么能一个人写呢,应该听听别人的意见。

   B：

2. 例句：<u>鬼才相信</u>！想减肥了吧。

   A：我们每年有两个月的休假。

   B：

3. 例句：<u>不至于</u>吧！你太小心了。

   A：我已经六个星期没有休息了。

   B：

4. 例句：绿色食品就安全吗？<u>不见得</u>！

   A：大家都这么干,你也这么干,没错。

   B：

5. 例句：<u>原来是这么回事</u>。我就不在乎,该吃什么就吃什么。

   A：每次开会都不能解决问题,结果今天谁也不开会了。

   B：

6. 例句：<u>那得等到猴年马月了</u>！

   A：等我工作了,第一件事就是请你吃饭。

   B：

7. 例句：最让人<u>受不了</u>的是极少数厂家只想着利润,不顾产品质量。

   A：你都来北京三年了,觉得怎么样？

   B：

五 — 用自己的话解释这些词语或说法

1. 猴年马月：

2. 不见得：

3. 鬼才相信：

4. 原来是这么回事：

5. 活到老，学到老：

六 — 请用所给的词语完成下列句子

1. 担心食品安全就什么都不吃了？＿＿＿＿＿＿＿＿＿＿＿＿＿＿＿＿。（逻辑）
2. 我们今天参观了一个食品工厂，＿＿＿＿＿＿＿＿＿＿＿＿＿＿＿。（过程）
3. 我们的产品不会有问题，＿＿＿＿＿＿＿＿＿＿＿＿＿＿＿＿＿。（检查）
4. 消费者组织应该＿＿＿＿＿＿＿＿＿＿＿＿＿＿＿＿＿＿＿＿＿＿。（监督）
5. 我们生产的产品＿＿＿＿＿＿＿＿＿＿＿＿＿＿＿＿＿＿＿。（行业标准）
6. 请你放心，我们＿＿＿＿＿＿＿＿＿＿＿＿＿＿＿＿＿＿＿＿＿。（保证）
7. 去年这个行业的经营情况不太好，＿＿＿＿＿＿＿＿＿＿＿＿。（利润）
8. 今天的客户比去年减少了很多，＿＿＿＿＿＿＿＿＿＿＿＿＿＿。（措施）

七 — 你同意下面的看法吗

1. 绿色食品是安全的。

2. 可以放心地买知名企业的产品。

3. 活到老，学到老。

八　请根据参考词汇回答下面的问题

避免　绿色食品　小心　措施　标准　意识　信息　严格　检查
保证　行业　损失　利润　影响

1. 王浩怎么解决食品安全问题？
2. 保证食品安全的方法有哪些？
3. 不安全的食品会造成什么影响？

九　课外活动

请调查一下当地消费者最关心的是什么问题。

小幽默

还不是最好的时机

小王对我说："我要离开这个公司。我不喜欢这个公司！"

我对他说："我同意你的决定！不过你离开以前一定给老板一点儿颜色看看！我认为现在还不是你离开的最好时机。"

"为什么？"

我说："如果你现在走，公司的损失并不大。等你成了公司不可缺少的人的时候你突然离开公司，才会给公司造成重大的损失。"

小王觉得我说得非常好，就开始努力工作。半年以后，他有了很多客户。

这个时候我告诉他："现在是时机了！"

小王说："老板跟我谈话了，准备让我做总经理助理，现在我不打算离开了。"

1. 时机	shíjī	opportunity
2. 给颜色看看	gěi yánsè kànkan	to set someone down
3. 损失	sǔnshī	loss

4. 客户	kèhù	client
5. 总经理	zǒngjīnglǐ	general manager
6. 助理	zhùlǐ	assistant

第四单元　在中国工作

课文一

(朴淑英和金在旭谈在中国工作的问题)

朴淑英：我能向你请教一个问题吗？

金在旭：不是出难题考我吧？

朴淑英：当然不是。我遇到了一个难题,想听听你的意见。

金在旭：有什么问题能难住你？说出来听听。

朴淑英：学完汉语以后我想在中国工作,你说有可能吗？

金在旭：你真打算留在中国？

朴淑英：当然,要不然为什么学汉语？

金在旭：这事我可是连想都没想过。我只想回国找个跟中国有贸易关系的公司。

朴淑英：你太落后了！

金在旭：不过,这确实是一个不错的选择。

朴淑英：动心了吧？

金在旭：多谢提醒！

朴淑英：不用谢,还是先回答我的问题吧。

金在旭：当然有可能了。现在中国很需要外语人才,你会韩语,又会汉语,一定能找到工作。

朴淑英：你太乐观了。

金在旭：难道不是这样吗?

朴淑英：当然不是了! 你的汉语流利吗? 你明白汉语每一句话的意思吗? 你知道中国国情吗? 你了解中国人的办事方式吗? 你熟悉中国的政策法律吗?

金在旭：等等,等等! 什么"明白"、"知道"、"了解"、"熟悉",不都是一个意思吗? 用这么多词,我都糊涂了。

朴淑英：我是想说什么事都得从两方面看:有有利的一面,就有不利的一面;有容易的一面,也有困难的一面;有好的一面,还有不好的一面;有……

金在旭：停停停! 你是问我问题还是给我上课呢?

朴淑英：反正都一样。

课文二

金在旭：你找工作找得怎么样了?

朴淑英：别提了! 跟我想像的完全不一样。

金在旭：不顺利?

朴淑英：非常不顺利。参加了几次面试,都没有结果! 其实找到一个工作不是太难,找一个月薪一般的工作也不难,但是找到一个真正的好工作就难了。

金在旭：别绕圈子了,有话直说吧。

朴淑英：我是想说要找兼职工作很容易，全职工作也有很多，但是都不好，跟我想像的不一样。

金在旭：你所谓的"好"工作是指……

朴淑英：工资高啦，提升机会多啦，工作环境好啦。

金在旭：你的要求太高了！根据我的了解，在求职、应聘的时候，工作经验是很重要的。

朴淑英：对，我们的优势是语言，但是现在中国的外语人才越来越多，很多公司愿意招聘本地人才，看来我们的期望太高了。

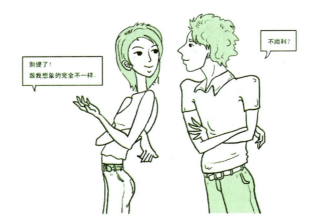

金在旭：也不要这么悲观，像你这么优秀的人才还能没有工作吗？要想找到好工作，最重要的是正确的求职策略。先说说你是怎么找工作的？

朴淑英：先找到招聘信息，然后寄简历，就这么简单。

金在旭：去哪儿找信息？

朴淑英：问朋友、看报纸、上网，很多公司的网页上都有招聘信息。

金在旭：最重要的是得把简历写好。

朴淑英：有什么要注意的吗？

金在旭：那当然。招聘单位需要什么，你就写什么，你得符合职位的要求才能被录取。

朴淑英：这么说你已经找到工作了？

金在旭：唉，一言难尽呀！这些都是从失败中总结出来的。

朴淑英：什么？原来不是成功的经验呀？我觉得你的策略也有问题。

金在旭：什么问题？

朴淑英：我现在认为找一个适合自己的职位更重要。

生词语

1.	难题	（名）	nántí	problem; knotty point; tough one
2.	遇到	（动）	yùdào	meet; encounter
3.	意见	（名）	yìjiàn	opinion
4.	贸易	（名）	màoyì	trade
5.	落后	（形）	luòhòu	remain at a undeveloped stage
6.	动心		dòng xīn	one's mind is disturbed
7.	提醒	（动）	tíxǐng	to remind
8.	乐观	（形）	lèguān	optimistic
9.	国情	（名）	guóqíng	national conditions
10.	办	（动）	bàn	to handle; to deal with
11.	方式	（名）	fāngshì	way; method
12.	熟悉	（形）	shúxī	know something well
13.	政策	（名）	zhèngcè	policy

14. 糊涂	（形）	hútu	confused
15. 有利	（形）	yǒulì	advantageous
16. 想像	（动）	xiǎngxiàng	to imagine
17. 顺利	（形）	shùnlì	smooth; successful
18. 面试	（名）	miànshì	interview
19. 结果	（名）	jiéguǒ	result
20. 月薪	（名）	yuèxīn	salary
21. 绕圈子		rào quānzi	to take a circuitous route; beat about the bush
22. 直说	（形）	zhíshuō	to say directly; to say out
23. 兼职	（名）	jiānzhí	part-time job
24. 全职	（名）	quánzhí	full-time job
25. 工资	（名）	gōngzī	salar
26. 提升	（动）	tíshēng	to promote
27. 环境	（名）	huánjìng	environment
28. 要求	（名）	yāoqiú	requirement
29. 根据	（名）	gēnjù	on the basis of
30. 求职		qiú zhí	look for a job
31. 应聘	（动）	yìngpìn	accept an offer of employment
32. 优势	（名）	yōushì	superiority
33. 招聘	（动）	zhāopìn	to engage through public notice; invite applications fro a job
34. 本地	（形）	běndì	local
35. 期望	（名）	qīwàng	exception; expect
36. 悲观	（形）	bēiguān	pessimistic
37. 优秀	（形）	yōuxiù	excellent
38. 策略	（名）	cèlüè	strategy
39. 简历	（名）	jiǎnlì	resume
40. 单位	（名）	dānwèi	unit (as an organization)

41. 符合	（动）	fúhé	to accord with
42. 录取	（动）	lùqǔ	to recruit
43. 一言难尽		yìyánnánjìn	difficult to explain in a sentence/ It is a long story.
44. 失败	（动）	shībài	to fail; to lose
45. 成功	（动）	chénggōng	succeed

 注　释

1. 不是出难题考我吧？

　　"不是……吧"是反问句,意思是说话人认为"就是出难题来考我",但是口气比较缓和,有猜测的意思。

　　例句：

　　　　1）你今天怎么了？不是病了吧？

　　　　2）一天工作十二个小时？我不是听错了吧。

　　　　3）这台电脑这么便宜？你不是弄错了吧？

2. 有什么问题能难住你？

　　反问句,"有什么"用在形容词或者可以用"很"修饰的动词前,表示反问。这里的意思是"没有问题能难住你"。

　　例句：

　　　　1）在大公司工作有什么好的？

　　　　2）这有什么难的？我去办吧。

　　　　3）有什么好笑的？挺平常的事。

3. 这事我可是连想都没想过。

　　"连"常跟"都"、"也"、"还"一起使用,表示强调。

　　例句：

　　　　1）每个月工资是多少？我连问都没问过。

2) 能在这个有名的公司工作,我连想都没想过。

3) 这个菜我没吃过,连听都没听过。

有时"连"后面的事情在说话人看来是不应该发生的。

例句:

1) 小王连天安门都没去过。

2) 张小姐连很复杂的工作都能做得很好,不用说简单的了。

3) 小王连自己的电话都不记得。

4. **别绕圈子了,有话直说吧。**

"绕圈子":不直接说出自己的看法、想法。

例句:

1) 小王说话就爱绕圈子,我不知道他是什么意思。

2) 我今天有话直说,不绕圈子。

3) 别绕圈子了,我都糊涂了。

5. **工资高啦,提升机会多啦,工作环境好啦。**

"啦":用在几个并列成分的后面表示列举。

例句:

1) 我在很多国家工作过,中国啦,日本啦,韩国啦。

2) 在这里你可以买到很多国家生产的商品,美国的啦,中国的啦,日本的啦。

3) 下班以后我喜欢在家里休息,喝喝茶啦,上上网啦,看看电视啦。

6. **像你这么优秀的人才还能没有工作吗?**

"像":动词,比如、例如。

例句:

1) 像这样的电话,我每天要接很多个。

2) 像他这样努力工作的人我们公司还有很多。

3) 我们很需要像你这样有工作经验的人。

7. **唉,一言难尽呀!这些都是从失败中总结出来的。**

"一言难尽":一句话不能说完,表示事情很复杂。

例句:

1) A：听说你自己开了一个公司,现在一定很忙吧?
   B：真是一言难尽呀,开公司真不容易。
2) A：你们两个人合作得怎么样?
   B：别问了,一言难尽。

练 习

一　根据课文内容用所给的词语回答问题

1. 金在旭想找什么样的工作?（关系）
2. 金在旭认为在中国找工作的计划怎么样?（选择）
3. 朴淑英认为在中国找工作容易吗?（明白、知道、了解、熟悉）
4. 朴淑英认为什么样的工作是好工作?（高、多、好）
5. 朴淑英认为什么样的工作容易找?（兼职）
6. 金在旭有什么好的求职策略?（符合）
7. 金在旭的求职经验怎么样?（失败）

二　在不改变原句意思的前提下,用所给的词语改写画线部分

求职　兼职　期望　策略　应聘　优势　月薪　符合　有利

1. 公平的竞争对每个公司都<u>有好处</u>。
2. 来我们公司<u>找工作</u>的人很多。
3. 如果你对工资的<u>要求</u>很高,就不太容易找到工作。
4. 不管做什么工作都应该有<u>好办法</u>。
5. 我也不知道她<u>每个月的工资</u>是多少?
6. 听说你们需要一个翻译,我是来<u>找工作</u>的。
7. 除了这个工作以外,我还有一个<u>周末的工作</u>。
8. 你比别<u>人好的地方</u>是外语水平比较高。
9. 这位应聘者的条件<u>跟我们的要求不一样</u>。

三　　请仿照例子补充空白部分的词语，并扩展成一句话

例：努力学习　努力工作　小王每天都努力工作

1. 符合要求　　符合_____
2. 不错的选择　_____的选择
3. 外语人才　　_____人才
4. 办事方式　　_____方式
5. 求职策略　　_____策略
6. 招聘信息　　_____信息

四　　仿照例句，用画线的词语对A的话做出回应

1. 例句：<u>不是</u>出难题来考我吧？
   A：小王，你说我们跟哪个公司合作更好？
   B：

2. 例句：什么问题能<u>难住</u>你？
   A：到现在还没有拿到合同，我这几天吃不好，也睡不好。
   B：

3. 例句：<u>要不然</u>为什么学汉语。
   A：我们在上海开公司的计划是不是合适？
   B：

4. 例句：这事我可是<u>连</u>想<u>都</u>没想过。
   A：小王，公司决定这次让你去出国学习。
   B：

5. 例句：<u>像</u>你这么优秀的人才还能没有工作吗？
   A：你这么快就把电脑修好了？
   B：

6. 例句：别<u>绕圈子</u>了，有话直说吧。
   A：小王，你现在忙吗？
   B：

7. 例句：工资高啦,提升机会多啦,工作环境好啦。
   A：你的工作好像不忙,你上班的时候都干什么?
   B：

8. 例句：唉,一言难尽呀！这些都是从失败中总结出来的。
   A：这个工作你干了很多年了,介绍一下经验吧。
   B：

五 用自己的话解释这些词语或说法

1. 动心了吧：

2. 别绕圈子了：

3. 一言难尽：

六 请用所给的词语完成下列句子

1. 小王刚毕业就找到了很好的工作,＿＿＿＿＿＿＿＿＿＿＿。(顺利)
2. 你的意见很好,但是现在＿＿＿＿＿＿＿＿＿＿＿。(确实)
3. 张小姐,我的表慢了,请你开会前十分钟＿＿＿＿＿＿＿。(提醒)
4. 你一会儿说小王的看法对,一会说小张的看法对,＿＿＿＿。(糊涂)
5. 只要你努力工作,＿＿＿＿＿＿＿＿＿＿＿＿＿＿＿＿。(提升)
6. 虽然你有很多工作经验,但是＿＿＿＿＿＿＿＿＿＿＿。(符合)
7. 今天是我第一天开始工作,＿＿＿＿＿＿＿＿＿＿＿＿。(熟悉)

七 你同意下面的看法吗

1. 从国外留学回来的中国人更容易找工作。
2. 把简历写得好一点儿就能找到好工作。
3. 找工作的时候工资不是最重要的。

八 　请根据参考词汇回答下面的问题

适合　提升　乐观　优势　要求　期望　提醒　动心　简历　根据

1. 你选择工作的标准是什么？
2. 你认为什么样的人才最受公司欢迎？
3. 你会选择大公司工作还是小公司工作？

九 　课外活动

1. 采访几个将要毕业的中国学生，看看他们在求职过程中遇到过什么问题。
2. 采访一个公司经理，看他招聘员工的标准是什么。
3. 认真读一读报纸上关于一个行业的招聘广告，分析其中存在的问题。

小幽默

策　略

"我们老板辞退员工的时候很讲策略。"

"怎么讲策略？"

"他把你叫到办公室，认真地对你说：'年轻人，你工作得非常好，要是没有你，我不知道公司会怎样。所以从下个星期一起，我们打算试一下。'"

1.	策略	cèlüè	tactics; policy
2.	辞退	cítuì	dismiss; fire
3.	年轻	niánqīng	young

第五单元 三里屯·后海·酒吧街

课文一

金在旭：志诚，有件事想请你帮个忙。

张志诚：有事就说，别这么客气。

金在旭：这个星期六是我的生日，打算办个晚会，可是还没决定去哪儿，想听听你的意见。

张志诚：你不是刚租了新房子，不想请我们去你新家看看？

金在旭：请是一定要请的，不过还没有收拾好呢。你看还有没有更合适的地方。

张志诚：不就是个生日晚会吗？干吗费这么大力气？

金在旭：第一次在中国过生日嘛。再说，我也快回国了，所以想请大家聚一聚。你头脑灵活，一定有好主意。

张志诚：就凭你这么相信我，我也得帮这个忙。让我想想，你看租一个酒吧怎么样？

金在旭：好是好，就是成本高了点儿。

张志诚：不是有我吗？我有个朋友开了一家酒吧，我去问问，看他能不能给你一点儿优惠。

金在旭：那可太好了！我只租一间房子就够了。

张志诚：要是还能自己准备一些酒水、小吃就好了，又省钱，又有气氛，怎么样？

金在旭：就这么定了！是在三里屯酒吧街吗？

张志诚：不是，是一个你没去过的地方——后海。

金在旭：我听说那里的酒吧很火。那儿你熟吗？

张志诚：当然，常去。我介绍的这个地方你一定满意。你想，那里是什么地方？胡同、四合院、后海、老式家具，跟三里屯的酒吧不是一种感觉。

金在旭：那就拜托你了，抽空儿我们一起去看看。

张志诚：这事儿包在我身上了。我明天就联系一下。

课文二

(王浩请杰瑞周末去酒吧)

王　浩：周末跟我去酒吧？

杰　瑞：好啊！我正好也想去呢。在什么地方？

王　浩：当然是三里屯了。

杰　瑞：三里屯真这么有名？我一定得去看看。你说那儿怎么有这么大的吸引力？

王　浩：原因多了：首先就是位置好，在使馆区，外国人多，有很好的顾客群；再就是经营得好，每个酒吧都有特色，很合外国人或年轻人的口味。你去看吧，一到晚上热闹着呢！

杰　瑞：那里也算一个旅游景点了，旅游书上都有介绍。这个酒吧街有多长的历史了？

王　浩：不太长,七八年吧。不过现在有竞争对手了,你听说过后海附近的酒吧吗?

杰　瑞：还没有,那儿不是胡同区吗?也能开酒吧?

王　浩：这你就不懂了,这叫历史与现代的结合。三里屯酒吧利用了使馆区的优势,后海的酒吧利用的是文化优势,四合院、胡同、故居、后海,都可以提高酒吧的档次和文化气氛。你想,夏天的夜晚,几个朋友坐在河边,一边喝酒,一边聊天、赏月,多美!

杰　瑞：看来,有利的位置对经营效果太重要了。

王　浩：这话只说对了一半,除了位置以外,其他因素也不可忽视。后海的酒吧现在也有麻烦了。

杰　瑞：怎么了?

王　浩：发展得太快,去年才十多家,今年就七十多家了。

杰　瑞：那竞争一定很激烈吧?

王　浩：没错。另外,后海周围好是好,但是也有美中不足,那里的"硬件"不好。

杰　瑞：什么"硬件"?那里也卖电脑?

王　浩：所谓"硬件"指的是基础设施。在后海酒吧街,有的地方没暖气、没水,最让人头疼的是厕所也有问题。

杰　瑞：那就赶快改善吧。

王　浩：改善也得有资金呀,要是有钱早就改善了。

杰　瑞：这么说,在投资的时候还是得考虑周到一点儿。

王　浩：要我看,不管在什么地方开酒吧,都得注意地理位置、基础设施、经营特色、管理方法,这几个因素缺一不可。

杰　瑞：就是俗话说的天时、地利、人和。

王　浩：你连这都知道？佩服佩服！

杰　瑞：哪里哪里。你不是将来要开酒吧吗？

王　浩：我要开酒吧的话,一定给你优惠。

生词语

1. 帮忙		bāng máng	to help
2. 租	（动）	zū	rent
3. 力气	（名）	lìqi	physical strength; effort
4. 聚	（动）	jù	to get together
5. 头脑	（名）	tóunǎo	brains; mind
6. 灵活	（形）	línghuó	flexible
7. 成本	（名）	chéngběn	total cost to manufacture a product
8. 优惠	（名）	yōuhuì	preferential; preferential treatment
9. 火	（形）	huǒ	prosperous

10. 满意	（形）	mǎnyì	be satisfied with
11. 胡同	（名）	hútong	alley
12. 拜托	（动）	bàituō	to request a favor
13. 抽空儿		chōu kòngr	to manage to find time
14. 正好	（副）	zhènghǎo	just right
15. 吸引力	（名）	xīyǐnlì	force to attract an object; power of
16. 位置	（名）	wèizhi	place; location
17. 顾客群	（名）	gùkèqún	people who buy or requests service; customers
18. 合	（动）	hé	suit
19. 口味	（名）	kǒuwèi	one's taste
20. 景点	（名）	jǐngdiǎn	scenic spot
21. 竞争	（动）	jìngzhēng	to compete; competition
22. 对手	（名）	duìshǒu	opponent
23. 区	（名）	qū	area; region
24. 结合	（动）	jiéhé	to combine
25. 利用	（动）	lìyòng	to use; utilize
26. 档次	（名）	dàngcì	grade
27. 气氛	（名）	qìfēn	atmosphere
28. 效果	（名）	xiàoguǒ	effect
29. 因素	（名）	yīnsù	factor
30. 忽视	（动）	hūshì	look down upon; belittle
31. 发展	（动）	fāzhǎn	to expand
32. 激烈	（形）	jīliè	(of movement; language) intense
33. 周围	（名）	zhōuwéi	circumference
34. 美中不足		měizhōngbùzú	blemish on an otherwise perfect thing

35. 所谓	（动）	suǒwèi	so-named
36. 指	（动）	zhǐ	refer to
37. 基础	（名）	jīchǔ	basis; basic
38. 设施	（名）	shèshī	facilities
39. 改善	（动）	gǎishàn	to improve
40. 资金	（名）	zījīn	capital
41. 投资		tóu zī	to invest
42. 地理	（名）	dìlǐ	natural features of the world or a region
43. 缺一不可		quēyībùkě	none is dispensable
44. 佩服	（动）	pèifú	to think highly of; revere

 注　释

1. **请是一定要请的。**

"是"、"的"都表示语气,中间部分可以是动词性短语或者形容词性短语,表示说话人主观的评价。句子有可能的语气。

例句:

1) 我是一定要来的,不过可能会晚一点儿。

2) 说是一定要说的,不过不是现在。

3) 对老王,我是很尊重的。

2. **干吗费这么大力气?**

"干吗":口语,询问原因和目的,意思是"干什么"。

例句:

1) 你干吗不告诉我就自己去了?

2) 为什么不找个人帮忙?干吗一个人干这么多活?

3) 下班以后还谈这些事干吗?

3. 就凭你这么相信我,我也得帮这个忙。

"凭":介词,表示凭借、根据、依靠。

例句:

1) 就凭这一点,我就不相信他。

2) 就凭你这么努力,一定能把工作做好。

3) 凭你的汉语水平,一定能翻译这本书。

4. 就这么定了。

表示不用再讨论了,可以决定了。讨论以后还没有结果时,常常用这句话来做结束语。

例句:

1) A:我们再开一次会讨论讨论这个项目吧。

B:不用再开会了,就这么定了。

2) 活动的安排就这么定了,不用再讨论了。

3) 我看谈判的事就这么定了,散会。

5. 我正好也想去呢。

"正好":副词。 恰好,恰巧遇到某个机会。

例句:

1) A:我得去买一个本子。

B:正好我还有一个,你先用吧。

2) 这里还有两份快餐,正好咱们一人一份。

3) 你来得正好,一起开会吧。

6. 所谓"硬件"指的是基础设施。

"所谓":(人们)所说的,(某些人)所说的,含不承认意。常用这个词提出需要解释的词语,然后进行解释,被解释的词语可以加上引号表示强调。

例句:

1) 这份文件里所谓的"年轻人"是指三十五岁以下的人。

2) 老王所谓的"好",在我看来就是"一般"。

3) 我所谓的"早来",就是八点以前来。

第五单元 三里屯·后海·酒吧街

55

7. 地理位置、基础设施、经营特色、管理方法,这几个因素缺一不可。

"缺一不可",常用在几个并列结构的最后。

例句:

1) 对他来说,电脑、电话、电视,缺一不可。

2) 要开一个好酒吧,音乐、美酒、气氛,缺一不可。

8. 天时、地利、人和。

指在时机、地理和人际关系方面有优势。

例句:

他们是在主场比赛,有地利优势。

练习

一　根据课文内容,用所给的词语回答问题

1. 金在旭要过生日,为什么找张志诚帮忙?(灵活)
2. 金在旭觉得在酒吧请客怎么样?(成本)
3. 张志诚了解后海的酒吧吗?(熟悉)
4. 张志诚同意帮金在旭找酒吧吗?(包在他身上)
5. 王浩认为三里屯的酒吧为什么有吸引力?(合……口味)
6. 王浩认为后海的酒吧有什么特色?(档次、气氛)

二　在不改变原句意思的前提下,用所给的词语改写画线部分

顾客　利用　经营　激烈　优惠　考虑　效果

1. 购买一千元以上商品的顾客可以得到<u>便宜的</u>价格。
2. 因为没有<u>用</u>胡同的优势,所以经营效果不好。
3. 每一个因素我都已经<u>想</u>过了。
4. 这些公司的竞争非常<u>厉害</u>。
5. 我们公司的每一个<u>客人</u>都可以得到这样的服务。

6. 如果没有钱怎么能<u>开</u>公司？

7. 这幅广告画用红色<u>看上去</u>不太好。

三 请仿照例子补充填空部分的词语，并扩展成一句话

例：努力学习　努力<u>工作</u>　小王每天都努力工作。

1. 经营效果　　经营_____
2. 文化气氛　　_____气氛
3. 基础设施　　_____设施
4. 地利位置　　_____位置
5. 顾客群　　　_____群

四 仿照例句，用画线的词语对 A 的话做出回应

1. 例句：<u>连</u>这你<u>都</u>知道？

   A：这种电话怎么用？

   B：

2. 例句：<u>不就是</u>个生日晚会吗？干吗费这么大力气？

   A：明天得向老板汇报，今天要准备一下，不能去看电影了。

   B：

3. 例句：<u>所谓</u>"硬件"指的是基础设施。

   A：什么是"优惠"价格？

   B：

4. 例句：<u>不管</u>在什么地方开酒吧，都得注意地理位置、基础设施、经营特色、管理方法，这几个因素<u>缺一不可</u>。

   A：要是每年能去旅游两次多好啊！

   B：

5. 例句：后海周围好是好，但是也有<u>美中不足</u>，那里的"硬件"不好。

   A：很多年轻人喜欢吃洋快餐的食品，你呢？

   B：

6. 例句：我正好也想去呢。

　　A：今天下午我要去预订机票。

　　B：

7. 例句：请是一定要请的，不过还没有收拾好呢。

　　A：你都复习了这么长时间了，还有什么可担心的？

　　B：

8. 例句：就凭你这么相信我，我也得帮这个忙。

　　A：小王，谈价钱的事你做最合适。

　　B：

五　用自己的话解释这些词语或说法

1. 美中不足：

2. 缺一不可：

3. 天时、地利、人和：

4. "硬件"：

六　请用所给的词语完成下列句子

1. 我还是不参加这个会了吧？因为我对这方面的问题不了解，＿＿＿＿＿＿＿＿＿＿＿＿＿＿＿。（再说）

2. 虽然最近工作很忙，但是＿＿＿＿＿＿＿＿＿＿＿＿＿＿＿＿＿＿＿＿＿＿。（抽时间）

3. 在中国，中老年人不太喜欢洋快餐，因为＿＿＿＿＿＿＿＿＿＿＿＿＿＿＿＿。（口味）

4. 这条商业街不能吸引顾客，主要是＿＿＿＿＿＿＿＿＿＿＿＿＿＿＿＿＿＿。（档次）

5. 这一两年的时间，后海的酒吧＿＿＿＿＿＿＿＿＿＿＿＿＿＿＿＿＿＿＿＿。（发展）

6. 她工作了十几年，可是从来没有迟到过，＿＿＿＿＿＿＿＿＿＿＿＿＿＿＿。（佩服）

7. 商家们看到了这里的位置优势，却＿＿＿＿＿＿＿＿＿＿＿＿＿＿＿＿＿＿。（忽视）

8. 顾客们对这家宾馆非常满意,他们都认为_____。(周到)

七　你同意下面的看法吗

1. 在胡同区开酒吧可以吸引很多客人。
2. 开商店的时候,选择位置最重要。
3. 优惠的价格能吸引更多的客人。

八　请根据参考词汇回答下面的问题

经营特色　管理方法　档次　地理位置　优惠　成本　资金　因素　气氛　美中不足

1. 你去过中国的酒吧吗?请介绍一个你认为很好或者不好的酒吧。
2. 如果你的朋友想在学校附近开一个餐馆,你能给他一些什么建议?
3. 你希望在胡同区居住吗?为什么?

九　课外活动

你学校周围有经营得很好的商店吗?请分析其成功的原因。

小幽默

酒　吧

一天,我跟朋友去酒吧喝酒,可是那里的酒味道很不地道。我们就对服务员说:"你们的酒怎么这么难喝?我们要跟经理谈谈。"服务员说:"我们经理在接待客人。""他在哪儿?你把他找来。"我们说。"他在对面那家酒吧。"服务员回答。

1. 地道	dìdao	authentic
2. 对面	duìmiàn	opposite

第六单元 中国的中产阶级

课文一

张志诚：这几年来中国留学的人数增长得真快。

金在旭：那也赶不上去外国留学的中国人多。

张志诚：你这个习惯不太好。

金在旭：什么习惯？

张志诚：每次都跟我唱反调。

金在旭：这是事实！我说的都是我的新发现。

张志诚：你又有什么高见？

金在旭：从留学生数量上就可以看出中国人的收入水平提高了。你说那些去留学的学生都来自什么样的家庭？

张志诚：大部分是有钱的家庭，有稳定的高收入，或者有自己的企业、公司。

金在旭：对！这就是我正在研究的新现象：中国的中产阶级。有媒体说，十年以后，中国中产阶级的人数可能超过美国的人口。

张志诚：这不可能！美国有差不多3亿人，家庭年收入在3万美金以上才能算中产阶级。不能听风就是雨！

金在旭：听我解释呀！我觉得这完全可能，就看怎么算了，不能按照外国的收入标准来计算。

张志诚：难道中产阶级还有两个标准？

金在旭：不是两个标准，是两个角度：你看的是收入水平，我说的是生活质量。外国人收入高，消费也高，可是中国的物价比较低，所以在中国达到中产阶级的生活一点儿也不难。

张志诚：怎么不难？

金在旭：比如买得起汽车、商品住房，能经常出去旅游，这不难吧？

张志诚：反正你总能找到理儿！

金在旭：我从来都是用事实说话。我想写一个关于中国中产阶级的调查报告。

张志诚：你对这个真有兴趣？

金在旭：只要是中国社会的新现象，我就有兴趣。我有了一个好主意，咱们一起写吧。

张志诚：真是个"好主意"！想让我帮你写就直说。

金在旭：不全对。听说过"双赢"这个词吗？这件事对你我都有好处。

张志诚：对我有什么好处？

金在旭：帮你了解中产阶级，快点儿成为中产阶级呀！

张志诚：你真会说话！

课文二

（张志诚和金在旭在讨论报告的内容）

张志诚：你的报告写得怎么样了？

金在旭：差不多了，正要向你汇报呢。

张志诚：不要这么客气，就把我当成听众吧。

金在旭：现在开始，题目是《中国的中产阶级》。我打算从这几个方面来谈什么样的人是中产阶级，中国中产阶级的生活和对社会的影响。

张志诚：嗯，有点儿意思，往下说。

金在旭：别提了！第一个问题就遇到麻烦了，我发现中产阶级的标准很不一样，很难解释。

张志诚：你不是专家，不能要求太高，说一说基本条件就行了。

金在旭：最基本的条件应该包括：有稳定的收入、受过良好的教育、有较高的生活和消费水平，能把收入用在高档消费上。

张志诚：这样说就可以了。还有什么？

金在旭：别急呀！虽然中国中产阶级的人数增长很快，但是到底有多少人，谁也说不清楚：有的说有5000万，有的说到2010年会有1.7亿，还有的说2010年会占中国城市家庭的20%以上。但是不管怎么说，人数会越来越多。另外，每个地区中产阶级的标准也不一样。

张志诚：说说看。

金在旭：比如说，有的地区家庭月收入6000元以上就可以算是中产阶级，可这个标准在上海、北京就太低了。

张志诚：好，接着说。

金在旭：在消费方面，中产阶级看重的是个性化，不是经济实惠，对住房、汽车、旅游和教育的需求非常大。这些需求可以创造很大的消费市场，能刺激消费，对经济增长很有利。

张志诚：这就是对社会的影响吧？准备得不错，值得表扬。

金在旭：多谢鼓励。你不是常说"有两个方面"吗？也谈一谈不足吧。

张志诚：你真想听？不生气？

金在旭：有什么可生气的？

张志诚：那我就说了。我觉得美中不足就是缺一些有说服力的例子，应该再多找些资料。

金在旭：说起来容易做起来难呀！这就得求你帮忙了。

张志诚：不要客气了！下午我们一起去图书馆查资料吧。

金在旭：太好了！在你成为中产阶级之前，我请你吃饭。

第六单元　中国的中产阶级

生 词 语

1.	反调	（名）	fǎndiào	different views or opinions
2.	高见	（名）	gāojiàn	someone's brilliant idea or opinion
3.	数量	（名）	shùliàng	quantity
4.	稳定	（形）	wěndìng	stable
5.	媒体	（名）	méitǐ	media
6.	超过	（动）	chāoguò	to more than
7.	亿	（数）	yì	a hundred million
8.	美金	（名）	měijīn	dollar
9.	计算	（动）	jìsuàn	to calculate; count
10.	角度	（名）	jiǎodù	point of view
11.	达到	（动）	dádào	to achieve
12.	理儿	（名）	lǐr	reason
13.	调查	（动）	diàochá	to survey; to investigate
14.	社会	（名）	shèhuì	society
15.	双赢	（形）	shuāngyíng	win-win
16.	汇报	（动）	huìbào	to summarize information and data to report to one's superior or the public
17.	听众	（名）	tīngzhòng	audience
18.	专家	（名）	zhuānjiā	expert
19.	基本	（形）	jīběn	main; essential
20.	条件	（名）	tiáojiàn	requirement
21.	包括	（动）	bāokuò	to include
22.	受	（动）	shòu	receive; accept
23.	良好	（形）	liánghǎo	good
24.	高档	（形）	gāodàng	high-grade; superior quality
25.	虽然	（连）	suīrán	though

26. 占	（动）	zhàn	to take up
27. 接着	（连）	jiēzhe	in succession
28. 看重	（动）	kànzhòng	to emphasize
29. 个性化	（形）	gèxìnghuà	individualization
30. 实惠	（形）	shíhuì	real benefit
31. 需求	（名）	xūqiú	requirement; demand
32. 创造	（动）	chuàngzào	to achievement; to create a new method
33. 刺激	（动）	cìjī	stimulate
34. 值得	（动）	zhídé	be worth the money; deserve
35. 表扬	（动）	biǎoyáng	praise;commend
36. 不足	（形）	bùzú	be insufficient
37. 缺	（动）	quē	lack; to be short of
38. 说服力	（名）	shuōfúlì	persuasive
39. 资料	（名）	zīliào	material; data

 注　　释

1. **每次都跟我唱反调。**

    "唱反调"：提出相反的看法或采取相反的行动。

例句：

　　1) 开会的时候小王总是跟我唱反调。

　　2) 你为什么总是跟老板唱反调？

　　3) 不要总是唱反调，你认为应该怎么解决这个问题？

2. **你又有什么高见？**

    "高见"：高明的见解。是一种尊重对方的说法。

例句：

1) 下面就听一听各位的高见。
2) A：小王，你有什么高见？
   B：不是什么高见，就是一点儿看法。
3) 请大家来就是想听听大家的高见。

3. **听风就是雨。**

意思是听见什么就相信什么。

例句：

仔细想一想他们说得对不对，不能听风就是雨。

4. **比如买得起汽车、商品住房，能经常出去旅游。**

"买得起"，肯定形式的可能补语，否定形式"买不起"。动词和结果补语或者趋向补语之间加上"得"或"不"可以构成可能补语的一种形式，表示主、客观条件是否允许实现某种结果，如"出得来"、"出不来"、"看得见"、"看不见"。

例句：

1) 选最好的电脑，我们公司也买得起。
2) 这个办公室太贵了，我们租不起。
3) 我们确实需要专家，但是一个月两万块，太贵了，我们请不起。

5. **你真会说话！**

"会说话"：指说出的话让别人高兴。否定形式是"不会说话"。

例句：

1) 小王很会说话，大家都喜欢她。
2) 虽然他不会说话，但是他的意见很有价值。
3) 小王会说话，让她跟客户谈一谈吧。

6. **别提了！第一个问题就遇到麻烦了。**

"别提了"：提，谈起、说到的意思。别说这件事了。表示因为一些原因（如伤心、生气、不好意思），谈到一件事的时候让说话人不想说，有时候在说出这句话之后开始讲出原因。

例句：

1) A：你们的报告写得怎么样了？

B：别提了，还没开始呢。

2) A：你们玩儿得不错吧？

B：别提了，天气不好，哪儿也没去。

7. **不管怎么说，(中产阶级)人数会越来越多。**

"不管怎么说"：无论如何。"不管"，连词，表示在任何情况下结果都一样。"不管"后面常用任指性的疑问代词或选择性词语，如"怎么"、"多么"、"A 还是 B"。

例句：

1) 不管怎么说我们没有迟到。

2) 不管怎么说，这是老板的决定，你就去办吧。

3) 不管怎么说，我按时写完了报告。

4) 不管张经理来不来，我们都按时开会。

5) 不管什么人都不能迟到。

6) 不管是谁都应该认真工作。

8. **准备得不错，值得表扬。**

"值得"：动词，这样做有好结果、有意义。否定形式为"不值得"。

例句：

1) 我觉得这个项目值得干。

2) 这个房子质量太差了，不值得租。

3) 这件事值得考虑。

 练　习

一　根据课文内容用所给的词语回答问题

1. 张志诚为什么说金在旭的习惯不好？（唱反调）

2. 金在旭的新发现是什么？（提高了）

3. 为什么金在旭说在中国过上中产阶级的生活不难？（物价）

4. 为什么金在旭想跟张志诚一起写报告？（双赢）
5. 金在旭认为中产阶级的基本条件是什么？（包括）
6. 金在旭认为中产阶级在消费方面有什么特点？（看重）
7. 金在旭的报告怎么样？（美中不足）

二　在不改变原句意思的前提下，用所给的词语改写画线部分

稳定　媒体　角度　物价　双赢　汇报　包括　美中不足　说服力

1. 虽然这个工作收入不高，但是收入<u>不会有时候很多有时候很少</u>。
2. 这次失败<u>从一个方面看是坏事，从另一个方面看</u>也可能是好事。
3. 我建议你可以<u>从报纸、网络上</u>找信息。
4. 这几年<u>商品的价格</u>相当稳定。
5. 我得<u>告诉老板</u>这次出差的情况。
6. 这个设计非常漂亮，<u>就是太小了</u>。
7. 我觉得这些例子<u>不能让他们同意我们的意见</u>。
8. 我想这个计划<u>对你们公司有利，对我们公司也有利</u>。
9. 参加这次会议的<u>有老板、有职员，还有记者</u>。

三　请仿照例子补充空白部分的词语，并扩展成一句话

例：努力学习　努力工作　小王每天都努力工作。
1. 稳定的收入　　稳定的_____
2. 高档消费　　_____消费
3. 消费水平　　_____水平
4. 基本条件　　_____条件
5. 经济增长水平　　_____增长水平

四　仿照例句，用画线的词语对 A 的话做出回应

1. 例句：<u>那也赶不上</u>去外国留学的中国人多！
    A：听说今年的工作机会比去年多很多。
    B：

2. 例句：中产阶级的家庭应该能<u>买得起汽车</u>。
   A：北京的新楼越来越多。
   B：

3. 例句：<u>不管怎么说</u>，中产阶级的人数会越来越多。
   A：我们没有正式参加这次活动，真是非常可惜。
   B：

4. 例句：看得出你真是认真准备了，<u>值得表扬</u>。
   A：你看谁在这个项目中贡献最大？
   B：

5. 例句：我打算<u>从这几个方面</u>来谈。
   A：明天的会上你准备谈什么？
   B：

6. 例句：你又有什么"高见"？
   A：我想了一天，觉得这个计划还可以改一下。
   B：

7. 例句：<u>别提了</u>！第一个问题就遇到麻烦了。
   A：小王，听说你今天做了一个报告，讲得怎么样？
   B：

五　用自己的话解释这些词语或说法

1. 有什么高见：

2. 不能听风就是雨：

3. 真会说话：

4. 说起来容易做起来难：

六 —— 请用所给的词语回答或完成下列句子

1. 这个报告写了十页,够了吗?_____。(数量)
2. 大家下半年的工作非常好,_____。(超过)
3. 你只想到了问题的一个方面,_____。(角度)
4. 这个报告不应该这样写,_____。(按照)
5. 最近很多人对公司的管理不满,_____。(调查)
6. 小张刚刚开始工作,_____。(要求)
7. 我谈一谈我们这个新项目吧,_____。(包括)
8. 这个合同非常重要,_____。(值得)
9. 虽然小张有很多缺点,_____。(鼓励)
10. 我们认为在哪里上学不是最重要的,_____。(看重)

七 —— 你同意下面的看法吗

1. 中国出国留学的人数多可以说明中国人生活水平提高了。
2. 十年以后,中国中产阶级的人数可能超过美国的人口。
3. 中产阶级有利于社会的稳定。

八 —— 请根据参考词汇回答下面的问题

稳定 消费 要求 收入 人数 刺激 角度 按照 条件 鼓励
创造 需求

1. 你认为中产阶级的标准是什么?
2. 你对中国中产阶级有什么看法?

九 —— 课外活动

1. 调查一下从事什么职业的人容易成为中产阶级。
2. 了解一下一般中国人对中产阶级的看法。
3. 中产阶级的标准是什么?调查几个中国家庭,看他们的生活达到这个标准了吗?

省　钱

老王到一家酒吧喝酒,他问:"一杯白兰地多少钱?"

"坐在外面喝五十块,坐在店里喝四十块,要是您站在柜台旁边喝,交三十块就够了。"服务员回答。

老王想了一会儿,问:"要是我在柜台旁边一条腿站着喝呢?"

1. 白兰地	báilándì	brandy
2. 旁边	pángbiān	next to; beside
3. 柜台	guìtái	counter

第六单元　中国的中产阶级

第七单元 促 销

课文一

(朴淑英刚刚购物回来)

田　　中：天哪！你买了这么多东西,疯狂购物呀！

朴淑英：一个下午才买了这么一点儿东西。

田　　中："才"这么点儿！

朴淑英：我回来睡一会儿,然后再去看看。

田　　中：去哪儿？晚上还开门？

朴淑英：商场搞促销,连续七十小时不关门。

田　　中：有谁半夜买东西？

朴淑英：有谁买？你去看看,人山人海。别提多热闹了！

田　　中：这么多人,能买着什么好东西？

朴淑英：你又说错了！好东西有的是,净是名牌,耐克、阿迪达斯什么的,应有尽有。

田　　中：便宜吗？

朴淑英：不便宜能有那么多人吗？所有的东西都打折,最低的一折就卖,一般的也就是三折。

田　　中：不会吧,那么便宜?商家疯了吧。

朴淑英：你真是个老外,这叫搞促销。

田　　中：搞促销也不能赔着卖呀。

朴淑英：不该你操心的就别操心。赔不了!中国有句话叫"买的没有卖的精",你知道不知道?

田　　中：知道呀!

朴淑英：所以说商家怎么会亏本呢?

田　　中：要说促销也不是什么新办法,怎么那里这么吸引人?

朴淑英：人家运用得好。看看交钱的长队,你就能明白这次促销的效果。

田　　中：看样子我也得亲自去体验体验那种气氛了。

朴淑英：不如说你也想买些便宜东西吧?

田　　中：顺便也可以买点儿东西。

朴淑英：真厉害!一举两得,一石二鸟。

田　　中：走的时候别忘了叫我啊!

朴淑英：放心吧!

田　　中：那你赶快睡觉吧,我不耽误你了。

朴淑英：明天六点叫你!

田　　中：啊?

课文二

朴淑英：体验完了,你怎么评价商场的这次促销活动?

田　　中：没有足够的信息很难做出全面的结论,不过从表面看很成功。

朴淑英：商场一定赚了不少钱。
田　中：顾客买到了便宜东西，商家提高了知名度，各有所得。你想，北京有上百家商场，不想点儿办法能吸引来顾客吗？
朴淑英：不过看着这些东西，我又有点儿后悔了，这些东西我用得着吗？
田　中：打折商品不能退货，商场的广告上已经说了。
朴淑英：你说这些东西不是假货吧？
田　中：应该不会。既然买了就别后悔！

朴淑英：唉，真没办法，要是我没带那么多钱就好了。
田　中：所以说，消费者小姐，下次理智一点儿吧。"买的不如卖的精"，这句话还是你告诉我的呢。
朴淑英：你怎么不早说？事后诸葛亮！
田　中：看你买的时候那么高兴，我怎么好意思呀。
朴淑英：说实在的，商家为了吸引顾客，想出了各种营销策略，有时也有不太好的现象，结果消费者有时也不敢相信商家，甚至怀疑商品的真正价值。

田　中：我也觉得打折不是唯一的办法，其实质量更重要，真正的品牌哪怕贵一点儿也不怕没人买。

朴淑英：商家不能只依靠降价吸引消费者。要想在竞争中取胜，应该在经营特色、服务质量和购物环境上下功夫。

田　中：不买东西的时候你还是很清醒的嘛！

朴淑英：又开我的玩笑！所以我认为降价是一种低层次的促销方法。

田　中：我不同意，我认为降价是永远不会过时的方法，第一个用打折来促销的人太伟大了，他简直把消费心理研究透了！

朴淑英：是啊，谁都得承认降价的诱惑实在太大了！

田　中：这就是人性的弱点——图便宜！

朴淑英：好了，不说了。先把你的这些东西收起来吧。

生词语

1. 疯狂	（形）	fēngkuáng	crazy
2. 购物		gòu wù	do shopping
3. 搞	（动）	gǎo	to do
4. 促销	（名）	cùxiāo	promote sales
5. 连续	（形）	liánxù	continuously
6. 人山人海		rénshān-rénhǎi	ocean of people
7. 净	（副）	jìng	all
8. 名牌	（名）	míngpái	famous brand

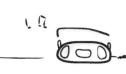

9. 应有尽有		yīngyǒujìnyǒu	have everything that one could wish for
10. 打折		dǎ zhé	at a discount
11. 赔	(动)	péi	to make a loss in business
12. 操心		cāo xīn	worry
13. 精	(形)	jīng	*oral Chinese*, know a trick or two
14. 亏本		kuī běn	to lose one's capital
15. 运用	(动)	yùnyòng	to make use of something
16. 亲自	(副)	qīnzì	personally; in person
17. 体验	(动)	tǐyàn	to learn through practice
18. 顺便	(副)	shùnbiàn	on the way
19. 耽误	(动)	dānwù	to be late for something
20. 评价	(动)	píngjià	to appraise
21. 全面	(形)	quánmiàn	comprehensive
22. 结论	(名)	jiélùn	final conclusion
23. 表面	(名)	biǎomiàn	appearance
24. 赚	(动)	zhuàn	to make a profit; gain
25. 提高	(动)	tígāo	to improve
26. 知名度	(名)	zhīmíngdù	popularity
27. 各有所得		gèyǒusuǒdé	each has his own benefit
28. 后悔	(动)	hòuhuǐ	to regret
29. 退货		tuì huò	to refund
30. 要是	(连)	yàoshi	if
31. 理智	(名)	lǐzhì	intellectual ability to tell right from wrong
32. 营销	(名)	yíngxiāo	marketing
33. 怀疑	(动)	huáiyí	to doubt
34. 价值	(名)	jiàzhí	value
35. 唯一	(形)	wéiyī	only one

36. 依靠	（动）	yīkào	to rely on
37. 降价		jiàng jià	cut price
38. 取胜	（动）	qǔshèng	win a victory
39. 功夫	（名）	gōngfu	skill put more effort
40. 清醒	（形）	qīngxǐng	clearheaded
41. 层次	（名）	céngcì	arrange something in different grades according to level; gradation
42. 心理	（名）	xīnlǐ	thoughts; emotions
43. 透	（形）	tòu	thoroughly
44. 承认	（动）	chéngrèn	to admit
45. 诱惑	（名）	yòuhuò	attraction
46. 人性	（名）	rénxìng	human nature
47. 弱点	（名）	ruòdiǎn	weak point
48. 图	（动）	tú	to seek for

 注　释

1. **好东西有的是。**

　　"有的是"：强调数量很多，不怕没有，意思相当于"很多"。

例句：

　　1) 钱，他有的是，他可不在乎。

　　2) 我有的是时间，你想让我干什么就说。

　　3) 广告公司有的是，我们慢慢找吧。

2. **净是名牌。**

　　"净"：副词，全、都，常用于口语。

例句：

    1）小王的桌子上净是英文书。

    2）一个上午净是找你的电话。

3. **耐克、阿迪达斯什么的，应有尽有。**

"什么的"表示举例子，用在一个成分或几个并列成分之后，相当于"等等"，常用于口语。

例句：

    1）今天买的都是办公用品，笔呀、纸呀什么的。

    2）我午饭常吃快餐，麦当劳、肯德基什么的。

    3）春节前我们应该送给客户一些小礼品什么的。

4. **看样子我也得亲自去体验体验那种气氛了。**

"亲自"：副词，强调事情由自己直接去做。

例句：

    1）老板亲自去给我们买午饭。

    2）这件事你得亲自去办，别人替不了你。

    3）您不能什么事都亲自办呀。

5. **不如说你也想买便宜东西吧。**

"不如说"在这里表示选择。当有几种情况可以选择的时候，说话人倾向于"不如说"后面的情况。

例句：

    1）A：我觉得如果先休息一下儿会干得更好。

       B：不如说你又想喝咖啡了吧？

    2）A：这个公司太大了，我不喜欢。

       B：不如说你觉得太远了吧？

6. **一举两得，一石二鸟。**

指做一件事同时得到两方面的好处。

7. **事后诸葛亮。**

诸葛亮可以预知事情的结果，而有的人往往在事情发生以后说自己早就知道是这个结果，以显示自己的聪明，这种人被人讽刺为"事后诸葛亮"。

 练 习

一　根据课文内容用所给的词语回答问题

1. 商场是怎么搞促销的？（连续）
2. 商场促销商品的品种怎么样？（应有尽有）
3. 田中对促销感兴趣吗？（亲自）
4. 田中认为商场的促销活动成功吗？（各有所得）
5. 为什么有的顾客不信任商家？（不太好的现象）
6. 朴淑英认为降价是一种很好的方法吗？（层次、诱惑）

二　在不改变原句意思的前提下，用所给的词语改写画线部分

应有尽有　运用　各有所得　唯一　理智　消费者　全面

1. 这是一个非常大的商场，什么商品都有。
2. 虽然每个商家都做促销，可是如果用得不好就不能得到好的效果。
3. 一次好的促销活动应该让消费者买到想要的商品，商家达到推销的目的。
4. 我们公司的员工都是女性，只有小王一个男性？
5. 买东西的时候不能看见什么就买什么，应该认真想一下。
6. 10月1日到3日世纪商城的每一个买东西的人都能得到15%的优惠。
7. 这本书从不同的角度介绍了我们的产品。

三　请仿照例子补充空白部分的词语，并扩展成一句话

例：努力学习　努力工作　小王每天都努力工作。

1. 营销策略　　　_____策略
2. 经营特色　　　_____特色
3. 服务质量　　　_____质量
4. 消费心理　　　_____心理
5. 图便宜　　　图_____
6. 提高知名度　　提高_____

四 —— 仿照例句,用画线的词语对 A 的话做出回应

1. 例句:好东西有的是,净是名牌。

    A:听说这一周商场的食品都打折,你去看了吗?

    B:

2. 例句:好东西有的是,净是名牌,耐克、阿迪达斯什么的,应有尽有。

    A:北京的外国公司多吗?

    B:

3. 例句:看样子我也得亲自去体验体验那种气氛了。

    A:我实在想像不出来商场里人山人海是什么样子?

    B:

4. 例句:不如说你也想买些便宜东西吧?

    A:要是每个星期可以休息三天就好了。

    B:

5. 例句:这就是人性的弱点——图便宜!

    A:看看我买的东西,这么多才三十块。

    B:

6. 例句:消费者有时不敢相信商家的促销手段,甚至怀疑商品的真正价值。

    A:消费者不一定总是喜欢商家的促销。

    B:

7. 例句:好东西有的是,净是名牌。

    A:现在什么商品在打折?

    B:

五 —— 用自己的话解释这些词语或说法

1. 应有尽有:

2. 一举两得:

3. 事后诸葛亮：

4. 各有所得：

六　请用所给的词语完成下列句子

1. 这几年公司来了很多新员工, 从2000年到现在, _____。(连续)
2. 如果用这么低的价格卖我们的商品, _____。(亏本)
3. 要想知道晚会的情况, 你_____。(亲自)
4. 如果你去银行取钱_____。(顺便)
5. 本来应该一号回北京, 可是_____。(耽误)
6. 虽然这次促销活动吸引了很多顾客, _____。(评价)
7. 你的调查报告不符合要求, 因为_____。(表面)
8. 这件衣服的价格这么便宜, _____。(怀疑)
9. 吸引顾客的方法有很多种, 不能_____。(依靠)
10. 如果做错了也没关系, 但是_____。(承认)

七　你同意下面的看法吗

1. 买的不如卖的精。
2. 打折是永远不会过时的营销策略。
3. 图便宜是人性的弱点。

八　请根据参考词汇回答下面的问题

促销　质量　影响　策略　心理　下功夫　亏本　表面　依靠

1. 你认为什么时候商品可能降价？
2. 降价后商家会亏本吗？
3. 商家怎样才能吸引顾客？

九 课外活动

1. 调查一个商场的促销活动,并采访几个顾客,问一问他们对这次促销的看法。
2. 大商场和小商店吸引顾客的方法有什么不一样?

小幽默

四点七折

老王喜欢在打折的时候买东西。一天,他发现附近新开了一家饭店,外面的广告上写着:"海鲜四点七折。"第二天他就决定带全家去吃便宜的海鲜。

他们去的时候是中午,店里的人不多,海鲜的价格跟别的饭店差不多。既然是四点七折,他们就不客气,点了很多很贵的海鲜。

菜上来了,一家人吃得很高兴。可结账的时候,账单并没有打折。老王以为服务员算错了,要求再算一遍,可服务员看了看说没错。老王说:"你们外面不是写着海鲜四点七折吗?为什么不给我们打折呢?"服务员回答:"先生,那个广告的意思是海鲜在下午四点钟打七折。现在是中午,所以您不能享受打折优惠。"

| 享受 | xiǎngshòu | to enjoy |

第八单元 中关村

课文一

（在校园里）

金在旭：我想买一部手提电脑，哪儿有又好又便宜的？

王　浩：当然是中关村了。你去过吗？

金在旭：还没有，但是常听人提起。

王　浩：明天我陪你一起去。

金在旭：那太好了。我本来想找一个信得过的商场去买，既然说到中关村，我就想去那儿看看。

王　浩：在商场买，可靠是可靠，不过比较贵。

金在旭：中关村卖的东西怎么样？

王　浩：怎么说呢？你得慢慢地选。那里的电子产品品种多，可选范围大，一定能找到既便宜又合适的东西。

（在中关村电脑市场）

金在旭：天哪，这么多人！

王　浩：都知道这里的东西全，想买什么就一定能买到。

金在旭：只要不怕累。

王　　浩：等你买到称心的东西就不嫌累了。

金在旭：恐怕还没找到要买的东西就累死了。

王　　浩：哎,是我买东西还是你买东西呀?

金在旭：跟你开个玩笑。现在开始干吧。

王　　浩：说干就干!想买什么牌子、什么型号、什么价位的?

金在旭：我想买IBM的。只要是质量好,价钱无所谓。

王　　浩：那我们就先要几份报价单看看。

金在旭：这是我从网上下载的一些信息,你看看,心里有个数,关键看性价比。

王　　浩：准备得很充分嘛!

金在旭：那当然。我是谁?再说,也不能浪费您太多时间呀。

王　　浩：既然是这样,我们就争取一个小时内解决问题。

金在旭：我看这家就不错。

王　　浩：别急,得货比三家,说不定还有更好的呢。

金在旭：你可真在行!

王　　浩：没什么特别的,多来几次你也就是专家了。

课文二

金在旭：我一直在想一个问题,中关村为什么这么有名,就因为是电子产品市场吗?

王　　浩：当然不是。电子产品交易只是中关村的一部分,现在那里重点发展的是高科技园区。

金在旭：高科技园区?

王　　浩：对呀,现在中关村的面积很大,并不只是你看到的电子一条街。

金在旭：中关村的发展一定利用了位置优势,那个地区有很多大学和科研单位。

王　浩：还有那么多高层次的人才,硕士、博士有的是。

金在旭：那里的高科技主要包括什么行业?

王　浩：这可多了:生物技术啦,信息技术啦,电子技术啦,新材料啦,等等。

当然不是。电子产品交易只是中关村的一部分。现在那里重点发展的是高科技园区。

"中关村"为什么这么有名,就是因为电子产品市场吗?

金在旭：这么说每年应该有很多发明或者专利了?

王　浩：对。但是你也知道,开发一项高科技成果不是那么容易的,需要很多的资金和时间,也有很大的风险。

金在旭：研究成果得转化成产品才能对社会有用。那里高科技成果的转化率怎么样?

王　浩：你是说到点子上了。在这个方面,南方的企业做得更好,听说中关村的很多成果被他们买走,投入了生产。相比之下,北京的企业动作就慢了一些。

金在旭：那里也有很多外国企业吧？

王　浩：有，很多跨国公司都在中关村设立了研发中心。

金在旭：政府一定也提供了很大的支持。

王　浩：那当然。园区内的企业可以享受很多优惠政策，有税收方面的，有人事管理方面的，这些都为企业的发展提供了有利的环境。

金在旭：可我听说有的企业并没有什么高新技术，只是做买卖。

王　浩：中关村的企业太多了，不可能每个企业都有科研开发的能力。有的企业进入中关村只是为了得到优惠的政策。这样的企业在中关村是站不住的，现在科技园区的管理越来越严格，想进入中关村也越来越难了。

金在旭：如果这样发展下去，中关村可能会成为北京高科技产业的代表。

王　浩：也会成为一个著名的品牌。

生词语

1. 可靠	（形）	kěkào	reliable
2. 品种	（名）	pǐnzhǒng	variety
3. 称心	（形）	chènxīn	be content with
4. 嫌	（动）	xián	dislike
5. 牌子	（名）	páizi	brand
6. 型号	（名）	xínghào	model
7. 价位	（名）	jiàwèi	price

8. 报价单	（名）	bàojiàdān	quotation; a list of product prices
9. 下载	（动）	xiàzǎi	to download
10. 关键	（名）	guānjiàn	crucial part of a matter
11. 性价比	（名）	xìngjiàbǐ	cost performance
12. 争取	（动）	zhēngqǔ	to try to realize
13. 交易	（名）	jiāoyì	trade
14. 高科技园区		gāokējì yuánqū	high tech park
15. 面积	（名）	miànjī	area
16. 科研单位		kēyán dānwèi	scientific institute
17. 硕士	（名）	shuòshì	master's degree
18. 博士	（名）	bóshì	doctor's degree
19. 生物技术		shēngwù jìshù	biotechnology
20. 信息技术		xìnxī jìshù	information technology
21. 新材料	（名）	xīncáiliào	new material
22. 专利	（名）	zhuānlì	patent
23. 开发	（动）	kāifā	to develop; develop technology for constructive purposes
24. 成果	（名）	chéngguǒ	achievement in one's career
25. 转化	（动）	zhuǎnhuà	to change; transform
26. 投入	（动）	tóurù	to put into
27. 设立	（动）	shèlì	to set up
28. 研发中心		yánfā zhōngxīn	developing center
29. 支持	（名）	zhīchí	support
30. 享受	（动）	xiǎngshòu	to enjoy
31. 税收	（名）	shuìshōu	tax; revenue
32. 人事管理		rénshì guǎnlǐ	personnel management
33. 产业	（名）	chǎnyè	industrial

注 释

1. 我本来想找一个信得过的商场。

    "信得过":相信,可以信任,可能补语。否定形式是"信不过"。

    例句:

    1)这是一家质量信得过商店。

    2)难道你还信不过我?

    3)我们得找一家信得过的公司合作。

2. 等你买到称心的东西就不嫌累了。

    "嫌":不满意,可以带宾语,多用于口语。

    例句:

    1)小张从不去饭馆吃饭,因为嫌太吵了。

    2)前一个工作你嫌累,这个工作你又嫌脏,你到底想干什么?

    3)才干了一个小时你就嫌累了?

3. 说干就干。

    句式:说 V 就 V,表示说到一件事,马上就去做,或者很快就发生了一种情况,没有耽误。

    例句:

    1)雨说下就下来了。

    2)A:今天得把这些东西搬完。

    　　B:没问题,说干就干。

    3)小王真有钱,这么贵的东西说买就买了。

4. 只要是质量好,价钱无所谓。

    "无所谓":不在乎,没关系。可以做谓语,不带宾语。

    例句:

    1)A:你要星期六的票还是星期天的票?

    　　B:无所谓,都可以。

    2)A:这个菜是辣的,你能吃吗?

B：无所谓。

3）我这个人吃什么都无所谓。

5. 你看看，心里有个数。

"有数"是了解情况，有把握。否定形式是"没数"。

例句：

1）你得先看看材料，谈判的时候才能心中有数。

2）小王办事你放心，他心里很有数。

3）这个工作我都干三年了，心里很有数。

6. 你可真在行。

"在行"：对一件事、一个行业很了解，有经验，内行。

例句：

1）对法律方面的事，老王很在行，你去问问他。

2）我可不是什么事都在行。

3）什么在行你就干什么吧。

7. 你是说到点子上了。

"说到点子上"：指出问题的关键或者最重要的地方。否定形式是"没说到点子上"、"说不到点子上"。

例句：

1）我们讨论了半天，你一句话就说到点子上了。

2）开会的时候老王很愿意发言，可是总说不到点子上。

3）你说了半天也没说到点子上。

8. 相比之下，北京的企业动作就慢了一些。

"相比之下"：意思是跟别的相比较。"相比"表示比较，跟"之下"构成词组，做状语，用在句首。

例句：

1）相比之下，我们公司的广告更吸引人。

2）相比之下，我更喜欢这份工作。

3）相比之下，这个商店的东西便宜一点儿。

练习

一 根据课文内容用所给的词语回答问题

1. 金在旭去过中关村吗？（提起）
2. 王浩为什么觉得应该去中关村买电脑？（品种、范围）
3. 金在旭对电脑的要求是什么？（好、无所谓）
4. 中关村为什么有名？（交易、高科技）
5. 在中关村发展高科技的优势是什么？（大学、科研单位）
6. 为什么开发高科技成果不容易？（资金、时间、风险）
7. 中关村也对跨国公司有吸引力吗？（设立）
8. 政府对中关村的企业有什么优惠政策？（税收、人事管理）

二 在不改变原句意思的前提下，用所给的词语改写画线部分

转化　开发　报价单　品牌　享受　投入　价位　关键　型号　面积

1. 请给我们传真一份产品的<u>价格表</u>。
2. 您想<u>买多少钱</u>的电脑？
3. 我们公司正在<u>研究</u>很多新产品。
4. 有的高科技成果不能<u>变成</u>产品。
5. 政府在这个项目上<u>花了</u>很多钱。
6. 这是一个国际知名的<u>牌子</u>。
7. 在经济特区的企业可以<u>得到</u>很多优惠政策。
8. 中关村科技园区<u>是一个很大的地方</u>。
9. 请告诉我你想要的价位、<u>样子</u>，我们今天就把电视送到你家。
10. 能不能得到优惠政策，这个报告很<u>重要</u>。

三 请仿照例子补充空白部分的词语，并扩展成一句话

例：努力学习　努力<u>工作</u>　小王每天都努力工作。

1. 提供支持　　提供_____

2. 生物技术　　_____技术

3. 优惠政策　　_____政策

4. 人事管理　　_____管理

5. 高层次人才　_____人才

6. 高科技成果　_____成果

四 仿照例句，用画线的词语对 A 的话做出回应

1. 例句：只要是质量好，价钱<u>无所谓</u>。

   A：你认为服务态度重要还是价格重要？

   B：

2. 例句：等你买到称心的东西就不<u>嫌</u>累了。

   A：这个工作的工资还可以，就是太忙了。

   B：

3. 例句：我本来想找一个<u>信得过</u>的商店去买。

   A：这个牌子的产品质量怎么样？

   B：

4. 例句：<u>相比之下</u>，北京的企业动作就慢了一些。

   A：大商店的商品质量好，不过价格比较贵。

   B：

5. 例句：在商场买，<u>可靠</u>是可靠，不过比较贵。

   A：我知道一家公司生产我们需要的这种产品。

   B：

6. 例句：<u>说干就干</u>！想买什么牌子、什么型号、什么价位的？

   A：我们等大家都到了再开始干吧。

   B：

7. 例句：你是<u>说到点子上</u>了。在这个方面，南方的企业做得更好。

   A：不是他能不能干，是想不想干的问题。

   B：

8. 例句：你先看看，心里有个数。

    A：你的发言准备得怎么样了，还需要什么资料吗？

    B：

五　用自己的话解释这些词语或说法

1. 说到点子上了：

2. 你可真在行：

3. 信得过：

4. 性价比：

5. 心里有数：

六　请用所给的词语完成下列句子

1. 这个商店为顾客提供了最好的服务，为了＿＿＿＿＿＿＿＿＿＿。（称心）
2. 这个公司的产品价格比较低，但是＿＿＿＿＿＿＿＿＿＿。（品种）
3. 老板不在，我现在还不能决定，因为＿＿＿＿＿＿＿＿＿＿。（怕）
4. 为了做好这个报告，王经理＿＿＿＿＿＿＿＿＿＿。（充分）
5. 我们公司决定跟北京大学合作，＿＿＿＿＿＿＿＿＿＿。（开发）
6. 这几年公司对高层次人才的需求量很大，＿＿＿＿＿＿＿＿＿＿

   ＿＿＿＿＿＿＿＿＿＿。（相比之下）
7. 这个项目没有成功，主要是因为＿＿＿＿＿＿＿＿＿＿。（支持）
8. 小王，我们都等着用电脑，＿＿＿＿＿＿＿＿＿＿。（争取）

七　你同意下面的看法吗

1. 在有名的大商场买东西最让人放心。

2. 现在高科技公司一定能挣钱。

八、请根据参考词汇回答下面的问题

货比三家 有数 报价单 范围 人才 优惠 支持 转化 成果 利用

1. 如果你给公司买办公用品,你会选择什么地方？为什么？
2. 你认为目前高科技企业的发展面临什么问题？

九、课外活动

去电子市场看一看,你认为那里发展得怎么样？

小幽默

企业家

一个成功的企业家教育他的孩子:"你要想成功就得具备两个条件:诚信和智慧。"

孩子问:"什么是诚信呢？"

"就是明知明天要破产,今天也要把货送到客户的手上。"

"那什么是智慧呢？"孩子又问。

"智慧就是——不要做出这种傻事！！！"

1. 企业家	qǐyèjiā	entrepreneur
2. 具备	jùbèi	to possess
3. 诚信	chéngxìn	good faith
4. 智慧	zhìhuì	wise
5. 破产	pòchǎn	bankruptcy

6. 货	huò	goods
7. 客户	kèhù	client
8. 傻	shǎ	stupid

第九单元　全球化

课文一

(张志诚和杰瑞一起去看车展)

杰　瑞：天啊，这么多人！回去吧。

张志诚：别这样！说好了陪我看车的。

杰　瑞：这是看车还是看人呀？

张志诚：看车，也看人，这是了解中国的好机会，走吧。

杰　瑞：你就这么想买车？

张志诚：早晚要买，今天先了解了解行情。你看这款怎么样？唉，就是贵了点儿。你说中国都加入世贸了，这车怎么还这么贵？什么时候能便宜一点儿呀？

杰　瑞：快了快了，再耐心等等吧。知道不知道"全球化"？全球化会给中国老百姓带来实惠的，汽车一定也会越来越便宜。

张志诚：全球化？太远了！它能给我带来什么好处？

杰　瑞："全球化"可是最近很流行的词，你不知道？

张志诚：不是不知道，是不关心。我现在关心的是看得见的实惠。全球化能让汽车明天就降价？算了吧，远水解不了近渴。

杰　瑞：就知道眼前利益！其实全球化就在我们身边，正在影响我们的衣、食、住、行。比如：在欧洲，市场上到处是"中国制造"；在中国，麦当劳、肯德基也到处都是。就说你想买的车吧，也是一个很好的全球化的例子。

张志诚：嘿，在这儿等着我呢！好，你说说，这车跟全球化有什么关系？

杰　瑞：就说这款日本车吧，就是一个全球化的产品。你看，技术专利是日本的，发动机是日本制造，但其他零件可能是马来西亚制造，最后在中国组装。

张志诚：好像有点儿道理。

杰　瑞：再近一点儿，想想你的电脑，是原装的还是组装的？

张志诚：组装的，原装的得多少钱！

杰　瑞：所以，你现在就是一个全球化的受益者。没想到吧？

张志诚：没想过。你说再过一两年，全球化能让这车便宜多少？

杰　瑞：你怎么就看眼前这点儿钱？看得远一点儿，年轻人！

张志诚：那我也得先解决实际问题再关心国际大事呀。

杰　瑞：唉，我都白说了。中国有一句话说得真好：瞎子害眼——没治了！

课文二

（上课的时候，老师跟学生讨论全球化问题）

刘老师：我们今天讨论的话题是全球化问题。我想先请大家发表一下对全球化的看法,首先谈一谈什么是全球化。

金在旭：全球化还没有一个公认的定义,可以这么说,为了降低成本,企业可以在世界各地生产。

刘老师：那么全球化是怎么产生的?

王　浩：我想最主要是由于信息技术和高科技产业的发展,这些新技术让国际间的交流越来越方便，比如由于有了网络、高科技通信,跨国商务活动就方便多了。

刘老师：那大家对全球化有什么看法?

金在旭：全球化是一个趋势,能给世界带来好处。

刘老师：你能谈得具体一点儿吗?

金在旭：最明显的一点就是给发展中国家带来了很多就业机会。在中国,特别是在大城市,跨国企业为当地劳动力提供了很多职位,而且给当地政府增加了税收。全球化给中国带来了很多发展的机会。

王　浩：我不这样认为。全球化在给一部分人带来机会的同时,也让另一部分人失去了机会。比如有的国家在劳动力便宜的地方开设分公司,减少了国内的就业机会。

金在旭：什么事都有两个方面,我认为全球化的好处大于坏处。有的地方提供技术和信息, 有的地方提供廉价劳动力,这样就能降低成本,老百姓买东西就便宜了。你也知道中国的很多进口产品的价格包括了很高的关税,所以很贵。难道你不想买便宜的东西吗?

王　浩：可是外来的企业可能会影响本地企业的发展。

刘老师：看来大家对这个问题考虑得很多了。

金在旭：我觉得还有一个好处就是促进了高素质人才的流动,给人的发展提供了更多的机会。你是不是又要说还可能造成人才流失了?

王　浩：你也承认了吧?

金在旭：其实不用害怕,过去中国台湾的人才大量流向国外,但是台湾发展起来以后,人才又向回流动,其他地方的人才也会这样的。

王　浩：全球化的结果就是富人更富,穷人更穷。一个大蛋糕都让富人吃了。

刘老师：我还想补充一点,刚才大家讨论的内容主要集中在经济领域,这只是全球化的一个方面,在环境、文化、语言等很多方面也都有全球化的问题。

王　浩：这就更可怕了。以后都喝牛奶了,我还想喝豆浆呢。

金在旭：全球化不是一体化。我认为发展全球化的同时应该尊重文化差异,全球化不反对多样性。

刘老师：我也认为公正的全球化才是我们的目标。

生 词 语

1.	行情	（名）	hángqíng	prices of goods on the market; mood of a market
2.	款	（名）	kuǎn	style
3.	世贸	（名）	shìmào	world trade organization
4.	耐心	（形）	nàixīn	to be patient
5.	流行	（形）	liúxíng	popular; prevalent
6.	利益	（名）	lìyì	benefit; interest
7.	到处	（副）	dàochù	everywhere
8.	发动机	（名）	fādòngjī	motor or engine
9.	零件	（名）	língjiàn	part
10.	组装	（动）	zǔzhuāng	to put together
11.	原装	（形）	yuánzhuāng	factory-packed
12.	受益者	（名）	shòuyìzhě	people who receive the benefits
13.	实际	（形）	shíjì	practical
14.	白	（副）	bái	for nothing
15.	话题	（名）	huàtí	subject of a talk
16.	发表	（动）	fābiǎo	to express one's opinions
17.	公认	（形）	gōngrèn	generally acknowledge
18.	世界	（名）	shìjiè	world
19.	各	（代）	gè	each
20.	产生	（动）	chǎnshēng	to bring about
21.	通信	（名）	tōngxìn	communication
22.	商务	（名）	shāngwù	business affairs
23.	就业		jiù yè	employment
24.	劳动力	（名）	láodònglì	laborer
25.	失去	（动）	shīqù	to lose

第九单元　全球化

26. 开设	（动）	kāishè	to set up; open
27. 分公司	（名）	fēngōngsī	subsidiary company; branch company
28. 大于	（动）	dàyú	more than
29. 廉价	（形）	liánjià	cheap
30. 进口	（形）	jìnkǒu	to import
31. 关税	（名）	guānshuì	tariff
32. 素质	（名）	sùzhì	educational level (of workers) quality
33. 流动	（动）	liúdòng	flow; going from place to place
34. 流失	（动）	liúshī	to leave the locality or unit
35. 补充	（动）	bǔchōng	to complement
36. 集中	（动）	jízhōng	to concentrate
37. 领域	（名）	lǐngyù	field
38. 可怕	（形）	kěpà	fearful
39. 豆浆	（名）	dòujiāng	soya bean milk
40. 一体化	（名）	yītǐhuà	integration
41. 尊重	（动）	zūnzhòng	to attach importance to and treat seriously
42. 多样性	（名）	duōyàngxìng	diversity
43. 公正	（形）	gōngzhèng	impartial; fair

 注　释

1. 说好了陪我看车的。

　　"说好了"：结果补语，意思是说定了，不要再变了。结果补语是口语中常用的语法现象,充当补语的是形容词或者少量动词,如"学会"、"看懂"、"记住"、"看完",否定时用"没"。

例句:

1) 说好了,明天九点见。

2) 我跟小王说好了,他去参加比赛。

3) 已经说好了的事,怎么又变了?

2. **早晚要买,今天先了解了解行情。**

"早晚":副词。迟早,事情或早或晚会发生。

例句:

1) 这件事她早晚会知道。

2) 现在就开始干吧,早晚也得干。

3) 别急,再等等,薪水早晚会给你的。

3. **远水解不了近渴。**

远处的水不能马上解决现在口渴的问题,比喻缓慢的解决办法不能满足急迫的需要。

例句:

1) 我们还是自己想办法修车吧,小王会修车,可是他休假了,远水解不了近渴呀。

2) 找谁都不能解决问题,我们自己想办法吧!远水解不了近渴。

4. **市场上到处是"中国制造"。**

"到处":副词,处处,各处,表示动作或状态的全部范围,相当于"无论什么地方"的意思,常跟表示范围的副词"都"一起使用。

例句:

1) 公园里到处都是人。

2) 你别到处跑,你家里人都在找你呢。

3) 我到处都找了,就是没找着。

第九单元 全球化

5. 在这儿等着我呢。

口语,意思是突然明白对方为自己设的圈套或者是意识到对方在利用自己的漏洞。

例句:

1) A:你不是什么都知道吗?这个问题不难吧?

　　B:在这儿等着我呢。

2) A:你说了不干完不能休息。

　　B:在这儿等着我呢。我们已经干两个小时了。

6. 我都白说了。

"白"是副词,表示动作或行为没有达到目的或者没有结果,用在动词、形容词前做状语。

例句:

1) 我说了这么多他都不听,我白说了。

2) 我干了一天,老板说不用干了。唉,我白干了。

3) 我写了一个小时,停电了,我写的东西全没了,我白写了。

7. 瞎子害眼——没治了!

歇后语,一句话由两部分组成,前一部分像一个谜语,后一部分像谜底,一般只说前一部分,而本意在后一部分。瞎子害眼,意思是瞎子得了眼病不能治好了。

8. 为了降低成本,企业可以在世界各地生产。

"各",代词,指一个范围内的每一个个体,意思是强调全体,相当于"每一"。

例句:

1) 各个部门的职员都来了。

2) A:这个工作不错,常到各地旅游。

　　B:旅游?是出差!

3) 各个公司的规定都不一样。

一 根据课文内容用所给的词语回答问题

1. 杰瑞认为全球化对中国会有什么影响？（实惠）
2. 为什么说汽车也是全球化的产物？（专利、发动机、零件、组装）
3. 全球化是怎么产生的？（新技术）
4. 为什么金在旭说全球化给发展中国家带来了机会？（就业、劳动力、税收）
5. 全球化对人才有什么影响？（流动）
6. 全球化体现在哪些方面？（很多）
7. 发展全球化的同时应该如何做？（尊重）

二 在不改变原句意思的前提下，用所给的词语改写画线部分

利益　就业　受益者　领域　廉价　发表

1. 任何决定都不能对公司有<u>负面的影响</u>。
2. 老百姓会从新政策中<u>得到好处</u>。
3. 大学生<u>找不到工作</u>的现象已经受到了有关部门的关注。
4. 商品的质量越来越受到重视，一些<u>便宜但是质量不好</u>的产品很难卖出去了。
5. 高新技术可以用在很多<u>地方</u>。
6. 请各位代表<u>谈一谈</u>自己的看法。

三 请仿照例子补充空白部分的词语，并扩展成一句话

例：努力学习　努力工作　小王每天都努力工作。

1. 经济领域　　_____领域
2. 高科技产业　_____产业
3. 就业机会　　_____机会
4. 当地劳动力　_____劳动力

四　仿照例句，用画线的词语对 A 的话做出回应

1. 例句：<u>说好了</u>陪我看车的。

   A：我不能参加这个活动了。

   B：

2. 例句：<u>早晚</u>要买，今天先了解了解行情。

   A：这个消息先不要告诉小李，好吗？

   B：

3. 例句：市场上<u>到处</u>是"中国制造"。

   A：离开中国以前，我想把这些产品寄回国内。

   B：

4. 例句：全球化能让汽车明天就降价？算了吧，<u>远水解不了近渴</u>。

   A：我们应该马上告诉厂家把资料寄来。

   B：

5. 例句：全球化还没有一个<u>公认</u>的定义。

   A：请帮我找一位最好的翻译公司。

   B：

6. 例句：我认为全球化的好处<u>大于</u>坏处。

   A：有的员工认为开发高科技项目风险太大，你的看法呢？

   B：

7. 例句：有的国家在劳动力便宜的地方开设分公司，<u>造成</u>国内就业机会的减少。

   A：请大家谈一谈对这起交通事故的看法。

   B：

8. 例句：<u>我不这样认为</u>，全球化在给一部分人带来机会的同时，也让另一部分人失去了机会。

   A：小王常常加班，是我们公司最好的职员。

   B：

五 —— 用自己的话解释这些词语或说法

1. 远水解不了近渴：

2. 瞎子害眼——没治了：

3. 眼前利益：

4. 我都白说了：

六 —— 用所给的词语完成下列句子

1. 虽然进口这种商品有一定的风险，＿＿＿＿＿＿＿＿＿＿＿＿＿＿＿。（失去）
2. 为了降低成本，很多外企＿＿＿＿＿＿＿＿＿＿＿＿＿＿＿＿。（当地）
3. 我们每年对员工进行培训，＿＿＿＿＿＿＿＿＿＿＿＿＿＿＿。（素质）
4. 既然知道自己错了，＿＿＿＿＿＿＿＿＿＿＿＿＿＿＿＿＿＿。（承认）
5. 跟外国人做生意只懂贸易还不够，＿＿＿＿＿＿＿＿＿＿＿＿。（差异）
6. 在今天的会上，很多人＿＿＿＿＿＿＿＿＿＿＿＿＿＿＿＿＿。（发表）
7. 除了王经理谈的几个问题以外，＿＿＿＿＿＿＿＿＿＿＿＿＿。（补充）

七 —— 你同意下面的看法吗

1. 全球化对发展中国家非常有利。
2. 全球化会造成落后地区的人才流失。
3. 恐惧全球化是没有必要的。

八 —— 请根据参考词汇回答下面的问题

流动　素质　当地　就业　税收　造成　大于　结果　廉价　实惠
差异　多样性

1. 你认为全球化在经济、环境、文化等方面会带来哪些正面或者负面的影响？
2. 什么人能从全球化中受益？请举例说明。

3. 什么人会因为全球化而受到影响？请举例说明。
4. 全球化对人才有什么影响？

九 课外活动

1. 采访你周围的几个人，总结他们对全球化的看法。
2. 选择一个行业，分析全球化对这个行业的影响。

小幽默

鹦 鹉

一个人去买鹦鹉，老板介绍说："这只鹦鹉值二百元，因为它会说两种语言。"

"这只鹦鹉值四百元，因为它会说四种语言。"

买哪只呢？这人想啊想，拿不定主意。后来他发现一只很老的鹦鹉，标价八百元。

这人问老板："这只鹦鹉是不是会说八种语言？"

店主说："不是。"

这人奇怪了："这鹦鹉既老也不好看，又没有本事，为什么却这么贵呢？"

店主回答："因为另外两只鹦鹉叫这只鹦鹉'老板'。"

鹦鹉　　　　yīngwǔ　　　　parrot

第十单元 市场调查

课文一

(金在旭和张志诚在帮一家公司做市场调查)

金在旭：要调查七十个人，这么多呀！你有什么高效率的好办法？
张志诚：我能有什么好办法？找人调查吧。
金在旭：公司要求找三十到四十岁在公司工作的女性，去哪儿找？
张志诚：这还不容易？如果你是她们，下班后去什么地方？
金在旭：回家。
张志诚：你就知道回家。如果不回家呢？
金在旭：下饭馆，去商店。
张志诚：对，我们就去商店门口碰碰运气。
金在旭：这行吗？在商店门口一个一个地问，我可不好意思！
张志诚：有什么不好意思的？就算练习会话吧。
金在旭：我们一起去？
张志诚：那当然，不过不能在一个地方。
金在旭：那还是不在一起呀。
张志诚：没关系的。

金在旭：你得答应我一个要求我才去。
张志诚：说吧，只要不是让我一个人去。
金在旭：我知道你不会同意这种要求。这样行不行，我做四十份，你做三十份。不过分吧？
张志诚：不过分。走吧。

(一个小时后)

张志诚：你做得怎么样？
金在旭：我都做完了。
张志诚：真的？我才做了十份。现在我可知道碰钉子是什么滋味了，没想到你比我做得快。快说说，你有什么秘密？
金在旭：没什么，就是一个一个地问。
张志诚：这可不够朋友了吧！你一定有好办法，不想让我知道？
金在旭：不是不是。是这样的，我问了很多人，只有两个人愿意接受调查。按照这个速度，天黑也做不完。你想，这么热的天。后来，我就想了一个高效率的办法，很快就做完了。
张志诚：什么办法？
金在旭：调查自己了。
张志诚：你自己写了！？

课文二

王　浩：淑英，最近忙什么呢？
朴淑英：几个朋友要来中国开公司，我在帮他们做市场调查。
王　浩：他们打算做什么生意？
朴淑英：向中国出口一种黄油产品。

王　　浩：是吗？有意思。你打算怎么调查？

朴淑英：正想向你请教呢。你有什么建议？

王　　浩：先调查这个想法有没有可行性，比如中国人吃不吃黄油，什么人喜欢吃，什么时候吃等等。如果证明有可行性，再下一步就是做具体计划了。

朴淑英：我也是这么想的。我想先找一些现成的资料，可是不知道从哪里着手。

王　　浩：资料来源有很多，网络、报纸、杂志，到处都是。

朴淑英：能找的地方都找了，花了很多时间，可是相关的资料不太多。

王　　浩：二手资料就是这样，很多不合适。那就收集第一手资料，自己做调查。你可以设计一个调查表，然后找人填写，最后分析这些数据，得到有用的信息。

朴淑英：这一步我也想到了，可是寄出了很多调查表，收回来的却不多，后来就打电话，很多人也不愿意接受调查。你说不做调查行不行？

王　　浩：那怎么行？不能有点儿困难就打退堂鼓。还有一个办法，你可以做面对面的调查。

朴淑英：那就更难了，我可从来没做过。

王　　浩：调查多了就有经验了。我给你几本关于调查技巧的书看看。不过，这种办法也得花很多时间，成本可能也很高。

朴淑英：还有没有更简单的办法？

王　　浩：有是有，不过我看还是不告诉你了吧，因为就算我说了你也不会用。

朴淑英：你怎么知道？说不定就是我想要的办法呢。说吧！

王　　浩：真的没用,我打赌,你不会用。

朴淑英：好,如果我不用,就请你吃饭。

王　　浩：真的?说话算数?那我就说了,你可以请调查公司帮忙做。不过,可能得花点儿钱。

朴淑英：就这主意?那得花多少钱呀!你成心的吧?

王　　浩：认输吧!我早说了你们不会用嘛。但是很多公司用这种方法得到想要的资料。因为一般的公司没有这么多人力和时间自己做调查。

朴淑英：好,请你吃饭,不过你得再帮我一个忙。

王　　浩：没问题,说吧。

朴淑英：你得先接受我的调查。

王　　浩：行!有多少问题我就回答多少。

朴淑英：第一个问题,你吃黄油吗?

王　　浩：你想听实话吗?

朴淑英：当然了。

王　　浩：我说了,你可别生气。

朴淑英：不生气,说吧。

王　浩：我从来不吃黄油，也不想吃。
朴淑英：什么？你真不够朋友！你这么说，别的问题我还能问吗？走，去吃饭吧。
王　浩：是你让我说实话的。说实在的，中国人真的很少吃黄油。你们得好好调查一下儿这个计划的可行性。
朴淑英：好吧。

 生词语

1.	调查	（动）	diàochá	an investigation; an survey
2.	碰	（动）	pèng	to bump; to touch
3.	运气	（名）	yùnqi	fortune
4.	答应	（动）	dāying	to agree with; to promise; to answer
5.	份	（量）	fèn	a share
6.	过分	（形）	guòfèn	excessive; too much
7.	钉子	（名）	dīngzi	nail
8.	滋味	（名）	zīwèi	flavor; taste
9.	出口		chū kǒu	export
10.	建议	（名）	jiànyì	suggestion
11.	可行性	（名）	kěxíngxìng	feasibility
12.	证明	（动）	zhèngmíng	to prove
13.	具体	（形）	jùtǐ	concrete; specific
14.	现成	（形）	xiànchéng	ready-made
15.	着手	（动）	zhuóshǒu	to set about

第十单元　市场调查

16. 来源	（名）	láiyuán	source
17. 网络	（名）	wǎngluò	internet
18. 二手	（形）	èrshǒu	second hand
19. 收集	（动）	shōují	to collect
20. 调查表	（名）	diàochábiǎo	questionnaire
21. 填写	（动）	tiánxiě	to fill in; to fill out
22. 数据	（名）	shùjù	data
23. 收	（动）	shōu	to collect; to get back
24. 鼓	（名）	gǔ	drum
25. 面对面		miànduìmiàn	face to face
26. 技巧	（名）	jìqiǎo	skills
27. 简单	（形）	jiǎndān	simple
28. 打赌		dǎ dǔ	to bet
29. 成心	（形）	chéngxīn	intentionally; purposely
30. 认输		rèn shū	to admit defeat; to give up

 注　释

1. 这还不容易？

　　否定形式的反问句，意思是"这很容易"。"还"表示强调的语气。

例句：

　　1）他刚来，能知道什么？

　　2）从报纸上找资料，这还不容易？

　　3）这有什么好看的？

2. 现在我可知道碰钉子是什么滋味了。

　　"碰钉子"，受到拒绝，事情行不通。

例句:

1) 我最不怕的就是碰钉子了。

2) 每次问他问题我都会碰钉子。

3. 这可不够朋友了吧!

"够朋友",尽全力帮助朋友,为朋友着想,否定形式是"不够朋友"。

例句:

1) 这件事都不告诉我,你真不够朋友。

2) 如果我告诉你就够朋友了吗?

4. 不能有点儿困难就打退堂鼓。

中国古代的县衙开堂审案时,击鼓三声表示开始,审案结束要退堂时也是击鼓三声,叫"退堂鼓"。后来人们用"打退堂鼓"表示退缩,不再继续。

例句:

1) 你还没有试一试怎么就想打退堂鼓?

2) 我们一起做,谁也不能打退堂鼓。

5. 真的?说话算数?

"说话算数"的意思是要遵守诺言。

例句:

1) 你放心,我一定帮你,我什么时候说话不算数过?

2) 说话算数,我们就等你的消息了。

6. 说实在的,中国人真的很少吃黄油。

"说实在的",说真的。是说话人打算诚恳地表示自己看法的一种方式。

例句:

1) 说实在的,我觉得这个计划没有可行性。

2) 说实在的,我真的不在乎。

3) 说实在的,我真不愿意去加班。

一 —— 根据课文内容用所给的词语回答问题

1. 金在旭想去商店门口找人调查吗？（要求）
2. 他们两个人是怎么分工的？（份）
3. 一个小时以后，张志诚的感觉是什么？（滋味）
4. 张志诚为什么认为金在旭做得好？（秘密）
5. 金在旭对很少有人愿意接受调查这个问题是怎么想的？（速度、效率）
6. 朴淑英的朋友计划做什么？（出口）
7. 王浩认为写这个报告应该做什么准备？（第一步、再下一步）
8. 朴淑英为什么不会请调查公司调查？（成本）
9. 打赌的结果怎么样？（输）

二 —— 在不改变原句意思的前提下，用所给的词语改写画线部分

技巧　认输　现成　证明　过分　收集　可行性　面对面　成本

1. 我就迟到了十分钟，他<u>不需要这么生气吧</u>。
2. 根据我们的调查，这个项目<u>不太可能成功</u>。
3. 如果你想说服我们，<u>就应该让我们相信你的计划</u>。
4. 不是所有的资料都<u>可以从网上找到的</u>。
5. 为了证明这个计划的可行性，我们<u>找了</u>很多资料。
6. 如果电话里说不清楚，你还可以到<u>办公室找他谈</u>。
7. <u>收集第一手资料时</u>如果没有好的谈话方法，很难让人接受调查。
8. 这么多人用这么多时间做这个项目，你觉得是不是<u>值得</u>？
9. 不要跟他打赌，如果他输了，他常常会<u>不高兴</u>。

三 —— 请仿照例子补充空白部分的词语，并扩展成一句话

例：努力学习　努力<u>工作</u>　小王每天都努力工作。

1. 具体计划　　具体_____
2. 收集资料　　收集_____

3. 接受调查　　　_____调查
4. 提高成本　　　_____成本
5. 谈话技巧　　　_____技巧
6. 填写调查表　　_____调查表

四 仿照例句，用画线的词语对 A 的话做出回应

1. 例句：我<u>能</u>有什么好办法？
   A：既然别人都不在，你就一个人先开始调查吧。
   B：

2. 例句：这<u>还不</u>容易？
   A：我又不能按时完成工作了，怎么办？
   B：

3. 例句：现在我知道<u>碰钉子</u>是什么滋味了。
   A：你问问老板这个周末能不能不加班？
   B：

4. 例句：这可<u>不够朋友</u>了吧！你一定有好办法不想让我知道？
   A：我不能参加你们的活动了，那天我有事。
   B：

5. 例句：不能有点儿困难就<u>打退堂鼓</u>，你们还可以做面对面的调查。
   A：我得换个工作了，这个公司天天加班。
   B：

6. 例句：真的？说话<u>算数</u>？那我就说了。
   A：干完这个项目，我给大家两个星期的假。
   B：

7. 例句：<u>有</u>多少问题我<u>就</u>回答多少。
   A：王经理，我们学校有一个学生想到您那里实习，可以吗？
   B：

第十单元　市场调查

8. 例句：说实在的，中国人真的很少吃黄油。
   A：我已经一个月没有休息了，真是累坏了。
   B：

五　用自己的话解释这些词语或说法

1. 打退堂鼓：

2. 不够朋友：

3. 碰钉子：

4. 说话算数：

5. 这有什么不好意思的：

六　请用所给的词语完成下列句子

1. 因为老板不在，这个要求＿＿＿＿＿＿＿＿＿＿＿＿＿＿＿＿。（答应）
2. 你工作得这么好，要求增加工资＿＿＿＿＿＿＿＿＿＿＿＿＿。（过分）
3. 你从来没有碰过钉子？＿＿＿＿＿＿＿＿＿＿＿＿＿＿＿＿＿。（滋味）
4. 只有一个星期了，我们＿＿＿＿＿＿＿＿＿＿＿＿＿＿＿＿＿。（速度）
5. 不做可行性调查可以吗？＿＿＿＿＿＿＿＿＿＿＿＿＿＿＿＿。（步）
6. 这是一个很新的想法，＿＿＿＿＿＿＿＿＿＿＿＿＿＿＿＿＿。（现成）
7. 工作了这么多年，＿＿＿＿＿＿＿＿＿＿＿＿＿＿＿＿＿＿＿。（收集）
8. 我愿意接受你们的调查，＿＿＿＿＿＿＿＿＿＿＿＿＿＿＿＿。（填写）
9. 我们的电脑里有很多顾客信息，但是＿＿＿＿＿＿＿＿＿＿＿。（数据）
10. 知道今天的会很重要，你还迟到，＿＿＿＿＿＿＿＿＿＿＿＿。（成心）

七　你同意下面的看法吗

1. 第一手资料比现成资料更有用。
2. 谈话技巧能决定调查的质量。
3. 市场调查就是收集资料。

八　请根据参考词汇回答下面的问题

有关　成本　值得　相信　时间　设计　调查　填写　接受
打退堂鼓　继续　滋味　速度　经验　数据　收集　技巧

1. 你认为向中国出口黄油产品的计划有可行性吗？
2. 在做调查的时候，如果你碰了钉子，会怎么办？

九　课外活动

请跟几个同学合作，设计一份市场调查表，然后做面对面的调查。

小幽默

西　服

老王在外企工作，常在办公室放着一套名牌西服。

一天，为了让公司员工认识防火的重要性，公司为大家举办了一次防火知识讲座。

在讲到着火应该怎么办时，老师说，如果发生火灾，可以用所有可以得到的东西逃生，不管有多贵，这是合法的。为了让大家理解得更好，老师举了一个例子："比如办公室里的那套衣服，可能值几千元，着火时我们就可以用它来灭火。"

第二天，大家发现老王把一直放在办公室里的那套西服拿回家了。

第十单元　市场调查

1. 防火	fáng huǒ	fireproofing
2. 着火	cháo huǒ	catch fire
3. 火灾	hǒuzāi	fire
4. 逃生	táo shēng	flee for one's life
5. 合法	héfǎ	legal
6. 灭火	miè huǒ	put out a fire

第十一单元 消费结构

课文一

金在旭：王浩,我能不能问你一个私人问题,不过你可以不回答。

王　浩：没问题,你问吧。

金在旭：你能不能告诉我在你的消费中,饮食、通信、旅行分别占多大的比重?

王　浩：这个我还真没算过。好,现在想一想。

金在旭：我正在研究中国人的消费结构。

王　浩：真有你的,总是不闲着。就拿最近三个月来说吧,饮食占40%左右,电话费和上网费占10%,旅游费用占30%。

金在旭：饮食在消费中占的比重越小,说明生活质量越高。看来你的生活已经很好了。

王　浩：说实在的,现在吃饭已经不是问题了,我想的是怎么把钱花在其他方面。

金在旭：什么方面?

王　浩：比如买一台手提电脑。我觉得消费结构的变化跟观念的变化有关系。就像前几年很多人还不能理解为什么外国人贷款消费,现在贷款在中国已经很常见了,不但买房、买车可以贷款,五千元以上的商品都可以申请贷款了。越来越多的人"今天花明天的钱"。

金在旭：这种变化主要是两方面的因素在起作用,不知你注意到了没有?

王　浩：什么因素?

金在旭：让我问住了吧?

王　　浩：我不是可以不回答吗？

金在旭：嘿，在这儿等着我呢！

王　　浩：你也别小看人，你以为我真不知道吗？

金在旭：知道就说说看。

王　　浩：一是个人消费观念的改变，二是政府金融政策的调整。

金在旭：嗯，还真说到点子上了。

王　　浩：这种问题难不倒我。

金在旭：说你胖，你就喘！

课文二

金在旭：最近北京的路堵得越来越厉害了，我觉得应该控制一下私车的发展。

王　　浩：这可太不公平了！你们都有车了，中国人就不能有？现在生活水平提高了，谁不想有一辆车？

金在旭：说到这里，我想向你请教一下中国人的消费观念问题。

王　　浩：你就别客气了，有什么问题就问吧。

金在旭：你知道"三大件"吗？我从书上看到这个词，觉得很有意思。

王　　浩：当然知道。你看的书上怎么说？

金在旭：二十年以前，"三大件"是电视、冰箱、洗衣机；十年以前，是电话、电脑和空调。不过书上没说现在是什么。

王　　浩：现在？没人再提这种说法了，该有的都有了，什么都不缺了。

金在旭：你知道收入提高以后，消费结构会发生什么变化吗？

王　　浩：当然知道了：过去吃得饱、穿得暖就是生活好；后来老百姓把钱用在买家电上；现在吃穿已经不用考虑，家电也越来越大众化，老百姓又有了新的消费热点，买房、买车、旅游，反正得把那点儿钱都花出去。

金在旭：这是一种趋势，是好事，说明老百姓的生活质量提高了。我这里有一组数字，说2001年中国人粮食的消费比1989年下降了40%，而肉、蛋、奶的消费分别增加了16%、7.4%和18%，水果的消费增加了44.8%，在饭馆吃饭的消费增加了4.7倍。

王　　浩：真是吃得越来越好了。

金在旭：别急，还有呢。在总的生活消费中，服装的消费比重从

12.3%下降到了10.1%,但是名牌化、个性化的趋势越来越明显了。相反,住房、汽车、通信方面的消费都增加得很快。

王　浩：你的调查很具体嘛!

金在旭：那当然,了解中国人的消费趋势,才能开拓中国市场呀。

王　浩：原来还是为了挣我们的钱?

金在旭：不对,是为了提供更好的服务,让中国人生活得更好。

王　浩：不过这种变化在全国是不平衡的,农民的收入还是比较低,城市失业者的生活水平也很低。

金在旭：但是重要的是总体趋势,将来农村也得向这个方向发展。我的调查对象是城市的中产阶级消费者,他们是最有消费潜力的人。

王　浩：你呀,越来越厉害了!

金在旭：这算什么?我的调查多着呢,以后有时间再聊。

生词语

1.	私人	(形)	sīrén	private
2.	饮食	(名)	yǐnshí	food and drink
3.	分别	(副)	fēnbié	respectively
4.	比重	(名)	bǐzhòng	proportion
5.	算	(动)	suàn	calculate
6.	闲	(形)	xián	be free
7.	费用	(名)	fèiyòng	expenses

8. 结构	（名）	jiégòu	structure
9. 观念	（名）	guānniàn	concept
10. 贷款		dài kuǎn	loan
11. 申请	（动）	shēnqǐng	apply for something
12. 金融	（名）	jīnróng	finance
13. 调整	（动）	tiáozhěng	adjust; regulate
14. 喘	（动）	chuǎn	breathe
15. 控制	（动）	kòngzhì	control
16. 私车	（名）	sīchē	private car
17. 公平	（形）	gōngpíng	fair
18. 请教	（动）	qǐngjiào	ask for somebody's advice
19. 提	（动）	tí	mention
20. 大众化	（名）	dàzhònghuà	identifying with the masses
21. 粮食	（名）	liángshi	grain
22. 服装	（名）	fúzhuāng	clothing; costume
23. 下降	（动）	xiàjiàng	descend
24. 增加	（动）	zēngjiā	increase
25. 开拓	（动）	kāituò	open up
26. 平衡	（名）	pínghéng	balance
27. 失业者	（名）	shīyèzhě	unemployed people
28. 总体	（形）	zǒngtǐ	total
29. 对象	（名）	duìxiàng	target; object
30. 潜力	（名）	qiánlì	potentiality

第十一单元　消费结构

注　释

1. **真有你的,总是不闲着。**

    "真有你的":表示说话人的赞赏、称赞、批评等。

    例句:

    1) A:这些活儿我一个人都干完了。

        B:真有你的!

    2) 这点儿事你干了一个星期?真有你的!

    3) 学了这么长时间的汉语,这个词都不知道?真有你的!

2. **拿最近三个月来说吧。**

    "拿……来说":举例子的方法,把举的例子放在"拿"和"来说"之间,然后加以说明。

    例句:

    1) 每个人的看法不一样,拿小王来说,他就不同意这个决定。

    2) 有的人觉得汉语很难,有的人觉得汉语不难。拿我来说吧,我就觉得不太难。

    3) 很难说我忙不忙,拿上个月来说,非常忙,一天也没有休息。

3. **让我问住了吧?**

    "问住了"的意思是不能或者不会回答问题。在"让我问住了吧"中,说话人因为对方不能回答问题而高兴。

    例句:

    1) A:西安在哪儿?

        B:在陕西。

        A:昆明在哪儿?

        B:不知道。

        A:哈哈,让我问住了吧?

    2) A:你问什么我都知道。

        B:是吗?小心,可别让我问住了。

4. **这个问题难不倒我。**

"难不倒"是否定形式的可能补语。肯定形式是"难得倒"。这种可能补语是在动词和结果补语之间加上"得"、"不"构成的。

例句:

1) 这个问题难不倒我,我早就准备好了。

2) 你以为这点儿困难能难得倒我吗?

5. **说你胖,你就喘。**

俗语,意思是有的人在听到别人说自己的某个特点、行为时就更加明显地表现、显示。

6. **说到这里,我想向你请教一下中国人的消费观念问题。**

"说到这里",转换话题的一种方法,表示说话者突然想到了别的问题,或者要对前面话题中的某个问题加以补充。

例句:

1) 说到这里,我想问大家一个问题。

2) 说到这里,我想先介绍一下这个工作的具体内容。

7. **该有的都有了,什么都不缺了。**

"什么"表示任指,用在"都"、"也"前面,表示在所说的范围内没有例外。

例句:

1) A:老王,你吃什么?

　　B:什么都行。

2) 现在干什么工作都不容易。

3) 停电了,什么也干不了了。

8. **相反,住房、汽车、通信方面的消费都增加得很快。**

"相反":形容词,用在两个句子中起递进或转折作用。可与"恰恰"、"正好"连用,常在句中做独立成分。

例句:

1) 老板不是反对这个活动,相反,他很支持。

2) 问题不像你们想的那么简单,恰恰相反,很复杂。

3) 跟你们想的正好相反,他很高兴。

练 习

一 根据课文内容用所给的词语回答问题

1. 说一说王浩的消费结构。(占)
2. 消费结构的变化跟什么有关系?(观念)
3. 你同意控制北京私车的发展吗?(公平)
4. 谈一谈中国老百姓消费观念的变化。(过去、现在)
5. 2001年老百姓的消费结构有什么变化?(下降了、增加了)
6. 金在旭为什么调查中国的消费结构?(了解、开拓)
7. 为什么金在旭的调查对象是城市中产阶级?(潜力)

二 在不改变原句意思的前提下,用所给的词语改写画线部分

平衡　对象　潜力　比重　分别　费用　开拓　贷款　观念　具体

1. 去年我们公司在国际市场的收入<u>有百分之二十</u>。
2. 去年我们的收入增加了百分之十,可是成本也增加了百分之十五。
3. 跟客户联系<u>用的钱</u>公司可以出。
4. 北方人和南方人<u>对消费的看法</u>不一样。
5. 你可以从银行<u>借钱</u>。
6. 我已经知道了总体的计划,你能再<u>多谈一点儿</u>吗?
7. 很多国家的公司都想来中国<u>找市场</u>。
8. 这个促销活动主要<u>在大学</u>进行。
9. 我认为这个专利在中国<u>可以发展</u>得很好。
10. 中国各地的消费情况<u>很不一样</u>,有的地方消费水平很高,有的地方消费水平不太高。

三 请仿照例子补充空白部分的词语,并扩展成一句话

例:努力学习　努力<u>工作</u>　小王每天都努力工作。

1. 消费热点　　消费_____

2. 生活质量　　_____质量
3. 金融政策　　_____政策
4. 个性化趋势　　_____趋势
5. 消费结构　　_____结构
6. 大众化　　_____化

四 仿照例句，用画线的词语对 A 的话做出回应

1. 例句：<u>拿</u>最近三个月来说吧，饮食占了 39%，电话费和上网费占 12%，旅游费占 32%。

   A：今年公司的经营情况怎么样？

   B：

2. 例句：<u>说到这里</u>，我想向你请教一下中国人的消费观念问题。

   A：我下个月就要回国了。

   B：

3. 例句：服装的消费比重下降了，<u>相反</u>，住房、汽车、通信方面的消费都增加得很快。

   A：昨天来参加活动的大多数是年轻人吧？

   B：

4. 例句：没人<u>再提</u>这种说法了。

   A：开会的时候别忘了说一说停车场的事。

   B：

5. 例句：让我<u>问住</u>了吧。

   A：这个问题我还没想过。

   B：

6. 例句：还真说到<u>点子</u>上了。

   A：是不是可以说客户的要求是最重要的？

   B：

7. 例句：该有的都有了，<u>什么都不缺</u>了。

   A：工作了这么多年，你都干过什么？

第十一单元　消费结构

B：

8. 例句：这个问题难不倒我。

A：你说现在的消费趋势是什么？

B：

五 用自己的话解释这些词语或说法

1. 说你胖,你就喘：

2. 说不到点子上：

3. 让我问住了吧：

4. 这个问题难不倒我：

六 请用所给的词语完成下列句子

1. 网页上介绍了北京、上海、广州的平均工资，_____。（分别）
2. 我们租这里的房子做办公室合适吗？_____。（算）
3. 公司现在不可能有这么多资金，_____。（申请）
4. 我们一定要把这个项目做好，_____。（小看）
5. 这几个月的办公费太多了，_____。（控制）
6. 你的想法很有意思,下次开会的时候_____。（具体）
7. 我先介绍一下这次促销活动_____。（对象）
8. 虽然王小姐没有经验,但是_____。（潜力）
9. 我们调查了北京的几个食品企业，_____。（总体）

七 你同意下面的看法吗

1. 在未来十年内,中国人的消费结构会发生很大的变化。
2. "今天花明天的钱"是一种很聪明的消费方式。

3. 控制私车的发展就能解决北京的交通问题。

八 请根据参考词汇回答下面的问题

趋势 调查 重点 比重 因素 下降 增加 潜力

1. 现在北京人的消费热点是什么？
2. 你认为生活质量的提高跟什么最有关系？
3. 你认为什么因素对消费趋势影响最大？

九 课外活动

1. 请采访一个中国家庭，了解一下这个家庭的消费结构。
2. 采访两个中国同学，比较一下他们的消费结构有什么不同。
3. 调查一下不同阶层的消费结构。

小幽默

这是您的汤

小王到一个小城市出差，住在一个小旅馆里。旅馆的主人很吝啬，每天提供的饭菜都很少。一天，他到餐厅吃晚饭，看见桌子上放着一个很湿的盘子，就对服务员说："这个盘子是湿的，请给我换一个。"服务员说："先生，这是您的汤。"

1. 出差	chū chāi	business trip
2. 旅馆	lǚguǎn	hotel
3. 吝啬	lìnsè	grudge; stint
4. 湿	shī	wet; humid

第十二单元 租房与买房

课文一

金在旭：王浩，你有时间吗？我想请你帮我看看这份合同。

王　浩：没问题。(看合同)怎么，你想在校外租房吗？留学生宿舍离教学楼那么近，上课多方便啊。

金在旭：近是近，但就是两个人同住一个房间有点儿不方便。再说，留学生宿舍的韩国学生太多，学汉语的环境不是那么好。如果邻居都是中国人的话，我的汉语水平一定提高得更快。

王　浩：这倒也是。那你打算租什么样的房子？

金在旭：一居室、两居室都可以，要有厨房、卫生间和基本的家具、电器，能洗澡、能做饭。最主要的是离学校近，走路几分钟就能到，省得再买自行车了。

王　浩：这样的房子不好找。你没听说吗？教育已经成了对相关行业拉动极强的一个产业了，学校周边的餐饮业、文化业、房地产租赁业都很兴旺。别的不说，就说租房吧，每年考研、考博的前半年，学校周围一房难求，许多学生为了有一个安静的环境复习功课而在学校附近租房。同时，每年还有大量的进修生也要在学校附近租房，而且越是名牌学校的周围，这种现象越明显。当然也不是绝对找不到，你不怕花钱的话，就包在我身上了。

金在旭：你以为我是大款呀，价钱当然是越便宜越好了。

王　浩：跟你开玩笑的，我当然不能让你花冤枉钱了。现在最重要的是找到合适的房源，你可以上网看看，也可以在校园网的BBS上发个帖子,把你的需求公布出去,还可以在校园的公告栏中贴"求租启事",就写:求租学校附近的一或两居室,已装修,有必要的家用电器,宽带上网,价钱面议,中介免谈。联系方式:xxx@sina.com.cn。

金在旭:这个办法再好不过了。不过哪个网站能提供比较可靠的房源信息?

王　浩:大的门户网站如搜狐、新浪都行。不过你也要有心理准备。总的说来,因为学校附近的房子求租的人比较多,受供求关系的影响,租金相对比较高。但是如果你租期长,租金又是半年付或年付的话,就会便宜点儿。

课文二

金在旭:这些天我接了无数电话,看了几套房子,腿差点儿没跑断了。没想到在北京有空房的人和要租房的人都那么多。

张志诚：北京是个有1000多万人口的超大城市，除了固定人口外，流动人口的比例也很大，对房子的需求量当然大了。

金在旭：我看中的这套房子，房东要价每月3000元，低了不干，说是要以房养房，用租金还银行房贷。

张志诚：房地产业现在已经成了国民经济发展的重要支柱产业，老百姓的资金大部分流入了房地产市场，不少人把它当成投资方式。

金在旭：那你们想不想买房？

张志诚：我看好房地产市场。我认为北京的房价还有上升的空间，因为土地资源越用越少，地价上涨，开发商各项成本上涨造成房屋的成本上涨，加上人民币的预期升值，今后北京的房价还有上升的空间，房地产是投资的一项好选择。

王　浩：我认为现在的房价中存在着泡沫，如果泡沫破裂，房价就要下跌，房地产投资者就会成为"负资产族"。再说，买得起房也要住得起房，这样才能提高自己的生活品质，避免不必要的经济负担。其实不需要跟风，需要就买，有经济能力就买，有多少钱就买多大房。

金在旭：安居乐业是人们追求幸福生活的一个目标，但是北京的房价是不是太高了？

王　浩：是啊。2005年北京四环以内的商品房价格平均每平米7800元左右。面对日益飞涨的房价，老百姓都感到很大的压力，尤其是刚刚组织家庭的年轻人或中低收入的家庭初次购房，高昂的房价使他们背上了沉重的债务，现在政府也制定了相应的政策和优惠措施，帮助初次购房者满足自己的愿望。

金在旭：张志诚，你真的要买房吗？

张志诚：我是想买，但目前买不起。上周我和丁红去房展看房。房价太高了，所以在房展上是看的人多，买的人少，成交量不大。每平米5000元左右的中低价位的房子最受欢迎了。

王　浩：房地产也真能拉动消费。一般来说，挣多少钱花在房子上都不嫌多，购房是社会财富再分配的有效途径。

张志诚：要我说，金在旭你干脆在北京买一套房子算了。现在，很多外国人和中国人一样，可以在北京购买或者租到自己满意的房子，还有一些外国人就生活在北京的胡同里呢。

金在旭：你还别说，我最喜欢北京的胡同了，我觉得胡同蕴涵着特有的北京文化，最具老北京的风情。要买就买个四合院。

王　浩：口气真不小，你知道地道的四合院要多少钱吗？

金在旭：多少？

王　浩：得上千万。

金在旭：那你还是先把我卖了吧。

 生 词 语

1. 邻居	（名）	línjū	neighbour
2. 厨房	（名）	chúfáng	kitchen
3. 卫生间	（名）	wèishēngjiān	toilet
4. 家具	（名）	jiājù	furniture
5. 电器	（名）	diànqì	home appliance
6. 拉动	（动）	lādòng	draw; stimulate
7. 周边	（名）	zhōubiān	nearby
8. 餐饮	（名）	cānyǐn	dining
9. 兴旺	（形）	xīngwàng	prosperous
10. 安静	（形）	ānjìng	quiet
11. 进修	（动）	jìnxiū	make an advanced study
12. 绝对	（副）	juéduì	absolute
13. 大款	（名）	dàkuǎn	the people who have a lot of money
14. 冤枉	（形）	yuānwang	not worthwhile
15. 房源	（名）	fángyuán	the source of house
16. 帖子	（名）	tiězi	a piece of information one puts on the web
17. 公布	（动）	gōngbù	publish
18. 启事	（名）	qǐshì	notice

19. 装修	（动）	zhuāngxiū	fit up; decorate
20. 宽带	（名）	kuāndài	bond
21. 中介	（名）	zhōngjiè	broker
22. 网站	（名）	wǎngzhàn	web station
23. 供求	（动）	gōngqiú	demand and supply
24. 租金	（名）	zūjīn	rent charge
25. 固定	（形）	gùdìng	fixed
26. 房贷	（名）	fángdài	the loan of house
27. 支柱	（名）	zhīzhù	support
28. 上升	（动）	shàngshēng	go up; rise
29. 空间	（名）	kōngjiān	space
30. 资源	（名）	zīyuán	resource
31. 上涨	（动）	shàngzhǎng	increase
32. 预期	（名）	yùqī	anticipate
33. 升值		shēng zhí	rise value
34. 泡沫	（名）	pàomò	foam
35. 破裂	（动）	pòliè	break
36. 下跌	（动）	xiàdiē	come down; decrease
37. 负担	（名）	fùdān	burden
38. 跟风		gēn fēng	follow suit
39. 安居乐业		ānjūlèyè	live and work in peace and contentment
40. 追求	（动）	zhuīqiú	go after; chase
41. 日益	（副）	rìyì	day by day
42. 沉重	（形）	chénzhòng	heavy
43. 债务	（名）	zhàiwù	debt
44. 满足	（动）	mǎnzú	satisfy
45. 愿望	（名）	yuànwàng	wish
46. 成交量	（名）	chéngjiāoliàng	the amount to strike a deal

第十二单元　租房与买房

135

47. 财富	（名）	cáifù	wealth
48. 有效	（形）	yǒuxiào	effective
49. 途径	（名）	tújìng	channel
50. 干脆	（副）	gāncuì	simply
51. 蕴涵	（动）	yùnhán	abound in
52. 特有	（形）	tèyǒu	distinctive; unique
53. 风情	（名）	fēngqíng	local conditions and customs

 注　释

1. **再说……**

    (1) 表示推进一层，进一步说明，有"而且"的意思。

    例句：

    　　1) 我不想买房，再说现在我也买不起。

    　　2) 我不想做这个工作，再说我也没有经验，干不了。

    (2) 表示留待以后办理或考虑。

    例句：

    　　1) 甲：学完汉语后你是想回国还是想在中国找工作？

    　　　乙：现在还没想好，到时候再说吧。

    　　2) 身体健康最重要，工作的事以后再说吧！

2. **这倒也是。**

    表示对方说得更有道理，有时也说"那倒(也)是"。

    例句：

    　　1) 甲：黄金周期间，各景点都人挤人，我想留在宿舍看书。

    　　　乙：这倒也是。

    　　2) 甲：股票市场风险大，不如投资房地产市场。

    　　　乙：这倒也是。只是我对房地产市场不了解，到时候还要请教你。

3. 省得……

连词。表示避免发生某种不希望发生的情况,多用于后一小句开头。

例句:

1) 你最好用电子邮件通知大家,省得再一一打电话了。

2) 大型购物中心集购物、餐饮、娱乐于一体,省得大家在商店、餐馆、电影院之间来回跑了。

4. 别的不说,就说……

表示无须举很多例子,只须举一个例子就可以说明问题。

例句:

1) 甲:网络对人们的生活产生了巨大影响。

   乙:可不是嘛,别的不说,就说我的孩子,一天到晚坐在电脑前边。

2) 甲:餐饮业竞争很激烈。

   乙:没错。别的不说,就说我们学校周围,今年上半年就新开了四五家餐馆。

5. 包在我身上了。

"包在我身上了",是"没有问题,你放心吧,我能做好"的意思。表示说话人希望对方相信自己能做好。

例句:

1) 甲:小王,你能帮我买到这本书吗?

   乙:没问题,包在我身上。

2) 甲:你去劝一劝白经理吧,让他别生气了。

   乙:好,包在我身上。

3) 甲:我们今天有很多事要做。

   乙:你放心吧,都包在我身上了。

6. 这个办法再好不过了。

"再……不过了"表示程度到了极点。

例句:

1) 甲:我们俩可以互帮互学,你教我英语,我教你汉语。

   乙:那再好不过了。

2) 甲：这台洗衣机怎么用？

乙：再简单不过了，插上电源，一按按钮就行了。

7. 差点儿没……

"差点儿"后面加"没"，有两种情况：

(1) 如果后面是不希望发生的事情，表示事情几乎发生而终没有发生，有庆幸的意思，这时用不用"没"意思都不变。

例句：

差点儿没迟到=差点迟到

差点儿没气哭了=差点气哭了

(2) 如果后面是希望发生的事情，表示事情终于勉强发生了，也有庆幸的意思。

例句：

差点儿没被录取（结果是"录取了"，但很勉强）

差点儿没买到（结果是"买到了"，但剩余已经不多）

8. 干脆……

副词，表示直截了当。多做状语，多用于后一分句，前一分句一般表示原因或条件。

例句：

1) 既然我们双方诚心合作，干脆就各让一步吧。

2) 今天阴天，干脆明天再去吧。

9. 你还别说……

插入语，表示确认某种出乎自己意料的说法或事实。

例句：

1) 甲：这孩子贪玩儿，学习成绩一直上不去。

乙：你还别说，他这次考得不错，看来重视了。

2) 甲：这次足球赛我们校队踢得怎么样？

乙：你还别说，踢进了半决赛，这可是校队最好的成绩了。

10. 得(děi)……

副词，表示从意志上、事理上、事实上应当如此；必须，一定要。

例句:

　　1)你以后得小心点儿,别再感冒了。

　　2)从机场到学校,回来得一个多小时。

　　3)这件衣服怎么也得二百多块钱。

　　4)这饭馆还没开门,得五点半才卖早点呢。

 练　习

一　　根据课文内容用所给的词语回答问题

1. 金在旭为什么想在校外租房?(……是……、但、再说)
2. 金在旭打算租什么样的房子?(要、省得)
3. 王浩认为金在旭想租的房子好找吗?(别的不说、就说)
4. 王浩觉得现在金在旭最需要做的是什么?(房源、需求)
5. 金在旭看中的房子为什么租金高?(以房养房)
6. 张志诚为什么看好房地产市场?(成本、投资)
7. 王浩为什么不看好房地产市场?(泡沫、负担)
8. 金在旭想不想在北京买房?(得)

二　　在不改变原句意思的前提下,用所给的词语改写画线部分

　　　成交量　下跌　拉动　兴旺　中介　供求关系　债务　投资

1. 最近,几款国产汽车的价格又<u>下降</u>了。
2. 体育对相关产业的<u>带动</u>作用很大。
3. 近些年来,外商在中国<u>投入的资金</u>越来越多。
4. 2004年秋季广交会的<u>交易金额</u>比上年同期增长了12%。
5. 他目前还<u>欠着银行的钱</u>,哪儿有钱买房?
6. 应季产品的价格往往受<u>供给和需求</u>两方面的影响。
7. 我的房子是通过<u>中间联系人</u>找到的。

8. 国家出台限制房价的政策后,房地产业不如去年红火了。

三 请仿照例子补充空白部分的词语,并扩展成一句话

例:努力学习　努力工作　小王每天都努力工作。

1. 制定政策　　制定_____
2. 满足愿望　　满足_____
3. 成交量不大　成交量_____
4. 经济负担　　_____负担
5. 求租启事　　_____启事
6. 可靠的信息　可靠的_____
7. 上升的空间　_____的空间

四 仿照例句,用画线的词语对 A 的话做出回应

1. 例句:<u>近是近</u>,但就是两个人同住一个房间有点儿不方便。
   A:我们去校门口的小饭馆吃饭吧,到那儿很近。
   B:

2. 例句:<u>这倒也是</u>。
   A:你就别挑了,哪个三十岁的男人没谈过一两次恋爱?
   B:

3. 例句:腿<u>差点儿</u>没跑断了。
   A:买到国债了吗?
   B:

4. 例句:<u>别的不说,就说</u>房地产租赁业,这几年也是水涨船高。
   A:刚开始学汉语时,觉得口语很难。
   B:

5. 例句:你租房的事<u>包在我身上</u>。
   A:晚上我要上课,你能不能替我买点儿饭?
   B:

6. 例句:跟你开玩笑的,我当然不能让你花<u>冤枉钱</u>了。

A：什么？电脑坏了？那我好不容易写的文章没有了。
   B：

7. 例句：<u>这个办法再好不过了</u>。
   A：我们分头儿去，到公园门口集合。
   B：

8. 例句：要我说，金在旭你<u>干脆</u>在北京买一套房子算了。
   A：我太累了，真想休息几天。
   B：

9. 例句：这次出差少说也<u>得</u>一周。
   A：这套衣服多少钱？
   B：

10. 例句：<u>你还别说</u>，我最喜欢北京的胡同了。
    A：看不出，你对中国电影挺感兴趣的啊。
    B：

五 用自己的话解释这些词语或说法

1. 预期升值：

2. 花冤枉钱：

3. 这个办法再好不过了：

4. 以房养房：

5. 房地产泡沫：

6. 跟风：

六 　请用所给的词语完成下列句子

1. 北京是中国的首都，_____。（流动人口）
2. 今天人们更注重健康，_____。（需求量）
3. 服务业、信息产业、高科技产业在深圳的GDP中占很大比例，_____。（支柱）
4. 今年一季度，_____。（上涨）
5. 他不想买房，是因为_____。（债务）
6. 为了保证中低收入家庭能安居乐业，_____。（措施）
7. 你要价那么高，_____。（满足）
8. 现在的中小学生学习负担重，_____。（压力）
9. 我喜欢西藏，_____。（蕴涵）
10. 股票、证券、基金、保险是_____。（途径）

七 　你同意下面的看法吗

1. 北京的房地产业存在泡沫。
2. 北京的房价还有上升空间，现在买房合适。
3. 租房比买房好。
4. 教育成了对相关行业拉动极强的一个产业。

八 　请根据参考词汇回答下面的问题

合同　租房　家具　电器　明显　合适　房源　启事　装修　影响
支柱产业　投资方式　升值　安居乐业　负担

1. 你有没有租房的打算？你想租什么样的房？
2. 你有没有在中国买房的打算？为什么？
3. 说说你们国家房地产业的情况。

九 　课外活动

1. 根据自己的实际要求，写一则租房启事。
2. 参观一次房展，调查一下买房者的情况。

缺点和优点

房产经纪人对他的顾客说:"诚实待客是我们公司的一贯宗旨。我们将向您介绍所有房子的优缺点。"

"那么这套房子的缺点是什么呢?"

"哦,首先这套房子的北面是一个养猪场。西面是两个污水处理厂,东面是一个化工厂,而南面则是一个酱制品公司。"

"那么,它又有什么优点呢?"

"那就是您随时都能断定今天刮的是什么风。"

第十三单元　买东西

课文一

（丁红、张志诚与朴淑英聊天，田中买东西回来）

田　　中：丁红、张志诚来了，欢迎欢迎。来，请吃点儿我刚买的水果。

丁　　红：田中、朴淑英，你们经常去什么地方购物？

田　　中：说不好，购物中心、小商店、小摊、学校里的小卖部，我都去。买水果和蔬菜我一般去超市，因为那里的东西都是无公害产品，价格合理，服务热情周到，还可以刷卡，很方便。

朴淑英：买服装、化妆品什么的我去大型购物中心，里面有许多专卖店，东西全、品种多，而且质量有保证，买完东西还可以美容、美发、健身或是直接上顶层的美食城吃饭，这种一站式购物很适合我，我经常一逛就是一天。当然我有时也喜欢在小商店和小摊上买东西。

张志诚：大型购物中心的东西比较贵。有一次我想买一顶帽子，就去一家大型购物中心。那儿的帽子是漂亮，可是价格也好呀，一顶要两三千，便宜的也几百元，明摆着宰人嘛。

丁　　红：话也不能这么说，名牌的价位当然高了。小摊儿的东西是便宜，买起来也方便，但你要会讨价还价，而且要注意质量和分量。最不能买那些无照经营的小商小贩的东西，这些人往往是一锤子买卖。

朴淑英：是呀，上次我在摊上买一个皮包，摊主说是真皮的，要价不低，最后我砍到150元。

田　　中：你还真行，佩服佩服。

丁　　红：大商场买东西不讲价，但有时候有打折或返券等促销活动，在小商店里一般都可以讲价，所以要货比三家。

张志诚：现在我基本在网上购物了，前几天在网上订了几本专业书，还买了一个数码相机。足不出户，太方便了。有时我还登陆网上交易市场，像易趣、淘宝网、一拍网等参加竞拍，东西会更便宜呢。我真不明白商场乱哄哄的，有什么逛头儿呀！

田　　中：这你就不懂了，有时女人的乐趣不在于买，而在于逛。在网上购物就失去了逛的乐趣。有时间的话，我更愿意去商场，看着真实的物品，比款式、比价格、比质地，更直观、方便。

第十三单元　买东西

课文二

(刘老师、朴淑英、田中、杰瑞课下聊天)

杰　瑞：刘老师,现在中国过洋节的人不少,特别是年轻人,什么圣诞节、情人节、感恩节之类的。中国人重视传统节日吗?

刘老师：据我了解,年轻人还是很重视传统节日的。许多洋节往往是商家促销的契机,假日经济嘛。节假日里各大商场的销售额比平日要高出很多,商家希望每天都是节日呢。我就最喜欢过中国传统节日了,比如春节、中秋节、端午节什么的。

朴淑英：中秋节快到了,您有什么打算?

刘老师：我原打算买一盒精美的月饼、两瓶酒送给长辈,买一盒巧克力给孩子,买一套化妆品给妻子。现在计划要变了。

朴淑英：为什么?

刘老师：我儿子要我给他买一台儿童电脑作为礼物。现在的商家真是太精明了,天天在打家长钱包的主意,上小学的儿子说他的同学中大概有三分之一的人有手机了,说现在出了儿童手机,还有儿童洗衣机、儿童冰箱什么的。听说现在养大一个孩子的成本要48万,怪不得有那么多"丁克"家庭呢。

田　中：您的妻子也不喜欢您送她化妆品做礼物吗?

刘老师：喜欢是喜欢,可是她说她的化妆品多的是,希望这次的礼物有些新意。

杰　瑞：怪不得人们常说女人和孩子的钱最好赚。

刘老师：说的是。据最新公布的行业数据表明，中国化妆品年销售额在460亿人民币左右。这一天文数字对国外化妆品巨头有着难以抵抗的诱惑力。在中国市场最具影响力的两大化妆品财团——欧莱雅中国公司和雅诗兰黛中国公司的2004年财务报告显示，中国市场运行形势喜人。这里面也有我妻子的贡献啊。

田　中：依我看，年轻人的钱也好赚。你看，这两天秋高气爽，又逢"两双吉日"，年轻人结婚的可多了，一生只这么一次，谁不想搞个风风光光的个性化婚礼呢？所以就不在乎花钱了。

朴淑英：女人经济、儿童经济、假日经济、婚礼经济和银发经济等等，现在似乎任何词的后面都可以加上"经济"两个字，我们真的进入了消费时代。

生 词 语

1.	小摊	（名）	xiǎotān	stall
2.	公害	（形）	gōnghài	environmental pollution
3.	合理	（形）	hélǐ	reasonable
4.	热情	（形）	rèqíng	warmhearted; earnest
5.	刷卡		shuā kǎ	brush card
6.	化妆品	（名）	huàzhuāngpǐn	cosmetics
7.	专卖店	（名）	zhuānmàidiàn	specialty
8.	美容		měi róng	beauty treatment
9.	美发		měi fà	hair dressing
10.	健身		jiàn shēn	keep fit
11.	美食城	（名）	měishíchéng	delicious food city
12.	宰人		zǎi rén	harm someone in business
13.	讨价还价		tǎojiàhuánjià	bargain
14.	无照经营		wúzhào jīngyíng	do business without license
15.	小商小贩		xiǎoshāngxiǎofàn	pedlar
16.	返券		fǎn quàn	return coupon
17.	货比三家		huòbǐsānjiā	compare the prices and quality of a goods from different producer
18.	数码相机		shùmǎ xiàngjī	digital camera
19.	登陆		dēng lù	surf on the internet
20.	传统	（形）	chuántǒng	tradition
21.	契机	（名）	qìjī	opportunity
22.	销售额	（名）	xiāoshòu'é	sales amount
23.	精美	（形）	jīngměi	exquisite
24.	精明	（形）	jīngmíng	smart

25. 打主意		dǎ zhǔyi	make up one's mind
26. 怪不得	（副）	guàibudé	no wonder
27. 丁克	（名）	dīngkè	DINK (double income; no kids)
28. 巨头	（名）	jùtóu	magnate
29. 抵抗	（动）	dǐkàng	resist
30. 诱惑力	（名）	yòuhuòlì	temptation
31. 运行	（动）	yùnxíng	run
32. 喜人	（形）	xǐrén	delightful
33. 贡献	（名）	gòngxiàn	contribution
34. 秋高气爽		qiūgāoqìshuǎng	clear and crisp autumn
35. 逢	（动）	féng	meet
36. 婚礼	（名）	hūnlǐ	wedding

 注　　释

1. 说不好。

　　表示不能准确地说明或解释。

例句：

　　1）甲：黄金周准备去哪儿玩儿？

　　　　乙：现在还说不好，有可能回国。

　　2）甲：这次考得怎么样？

　　　　乙：说不好，大概八十多分吧。

2. 一逛就是一天。

　　"一……就是……"，强调时间长、数量多。

例句：

　　1）他最喜欢逛书店，一去就是一天。

　　2）她喜欢买名牌衣服，一买就是一大包。

3. 明摆着……

表示事情的性质、结局很明显,可根据已有的情况很容易观察判断出来,含有不用多说的意味。

例句:

1) 养辆车比打车贵,这是明摆着的事,还用你说?

2) 明摆着,这个项目对我们公司意义重大,不然总经理不会亲自出面。

4. 话(也)不能这么说。

表示认为对方的话不合道理,并进而说出自己的道理反驳对方。

例句:

1) 甲:酒香不怕巷子深,只要质量过硬,不怕没有销路。

乙:话(也)不能这么说。现在同类产品那么多,你不宣传,谁会买你的产品呢?

2) 甲:孩子听家长的话,家长管教孩子,这是天经地义的事。

乙:话(也)不能这么说,家长也要学会倾听孩子的意见,要理解他们。

5. 你还真行。

表示对对方意外表现出的才能的赞美。

例句:

1) 这么快就干完了?你还真行啊!

2) 甲:我做的菜怎么样?

乙:你还真行!什么时候学会做菜的?

6. 有什么逛头儿呀!

"有什么……头儿"表示不值得做某事,中间一般是"吃、喝、玩儿、听、干"等少数几个单音节动词。

例句:

1) 天天听这张 CD,这张 CD 有什么听头儿?

2) 每次都去那家餐厅,真不明白那家餐厅有什么去头儿?

7. 怪不得……

表示明白了原因,不再觉得奇怪。多用于句首。

例句:

1) 甲:明天他女朋友要来看他。

乙:怪不得他今天那么高兴呢。

2) 怪不得他汉语那么好,原来他在中国上了三年中学。

8. ……**多的是**。

强调数量多。

例句:

1) 中关村卖电脑的店铺多的是,你可以多看几家,比较一下再买。

2) 现在开私家车的人多的是。

9. **说的是**。

表示同意对方说的事情。

例句:

1) 甲:现在的年轻人越来越高消费了。

乙:说的是啊,他们挣一个敢花仨。

2) 甲:大学扩招后,大学毕业生的就业压力越来越大了。

乙:说的是,所以毕业后选择读研的越来越多了。

10. **依我看……**

"依……看"是从某人角度发表意见或看法,多用于第一和第二人称。

例句:

1) 依我看,现在北京的房价有泡沫,要等等再买。

2) 甲:你对孩子的批评有些严厉了。

乙:那依你看这件事该怎么处理?

 练 习

一 根据课文内容用所给的词语回答问题

1. 田中为什么经常去超市购物?(因为、刷卡)

2. 林淑英经常去什么地方购物？（品种、质量）

3. 丁红认为大型购物中心和小商店各有什么特点？（讲价）

4. 丁红认为在小摊上买东西要注意什么？（讨价还价、质量、分量）

5. 张志诚为什么不愿在大型购物中心买东西？（贵）

6. 张志诚用什么方式购物？（足不出户）

7. 为什么商家喜欢节假日？（销售额）

8. 刘老师为什么改变了原来的送礼物计划？（精明、诱惑）

二　在不改变原句意思的前提下，用所给的词语改写画线部分

显示　购物　刷卡　喜人　精美　货比三家　足不出户　款式

1. 这件衣服的<u>样式</u>挺适合您的。
2. 你不要看到什么马上就买，应该<u>多看几家，比较一下价格和质量</u>。
3. 你常在什么地方<u>买东西</u>？
4. 今年上半年汽车市场形势<u>不错</u>。
5. 电视使人们<u>不出家门</u>就能了解天下大事。
6. 国家统计局公布的数字<u>表明</u>，今年一季度零售商品价格上涨0.4%。
7. 他送给女朋友的是一个<u>漂亮</u>的手袋。
8. 一般商场都可以<u>使用信用卡</u>消费。

三　请仿照例子补充空白部分的词语，并扩展成一句话

例：努力学习　努力工作　小王每天都努力工作。

1. 价格合理　　　　价格_____
2. 服务热情　　　　服务_____
3. 重视传统节日　　重视_____
4. 精美的月饼　　　精美的_____
5. 形势喜人　　　　形势_____
6. 难以抵抗　　　　难以_____
7. 个性化的婚礼　　个性化的_____

四 仿照例句,用画线的词语对 A 的话做出回应

1. 例句:<u>怪不得</u>他汉语说得那么好呢。
   A:小李的妈妈是钢琴家。
   B:

2. 例句:<u>你还真行</u>,佩服佩服。
   A:我一口气爬上了香山最高峰——鬼见愁。
   B:

3. 例句:这些人往往是<u>一锤子买卖</u>。
   A:我又上当了,买了一件冒牌衣服。
   B:

4. 例句:商场<u>有</u>什么<u>逛头儿</u>呀?
   A:我最喜欢看电视连续剧了。
   B:

5. 例句:大商场一顶帽子卖两三千,<u>明摆着</u>宰人嘛。
   A:她们俩见了面一句话也不说。
   B:

6. 例句:<u>依我看</u>,年轻人的钱也好赚。
   A:老年人喜欢存钱,青年人喜欢消费。
   B:

7. 例句:她的化妆品<u>多的是</u>。
   A:你能借我一枝笔吗?
   B:

8. 例句:我经常<u>一逛就是</u>一天。
   A:这孩子最喜欢玩儿电脑游戏了。
   B:

五 用自己的话解释这些词语或说法

1. 一站式购物:

2. 一锤子买卖：

3. 宰人：

4. "丁克"家庭：

5. 天文数字：

6. 银发经济：

六　请用所给的词语完成下列句子

1. 这项工作很艰巨，_____。（难以）
2. 现在生活水平提高了，_____。（在乎）
3. 明天是小王的生日，_____。（搞）
4. 他是个成功的商人，_____。（经营）
5. 我们的产品涨价也没办法的事，是因为_____。（成本）
6. 他最近手头儿也很紧，_____。（打主意）
7. 自由市场东西便宜，_____。（讲价）
8. 我不想看那电影，_____。（新意）

七　你同意下面的看法吗

1. 女人和孩子的钱最好赚。
2. 中国化妆品市场巨大，对外商有很大的吸引力。
3. 洋节只是商家促销的契机。
4. 小商贩的东西不能买。

八 请根据参考词汇回答下面的问题

重视　促销　销售额　诱惑力　个性化　风风光光　专卖店
刷卡　消费　打折　服务　质量　价位　返券

1. 你去过哪些有特色的小商店,请介绍一下。
2. 如果你开一家小商店的话,你选择什么经营项目?为什么?
3. 谈谈电子商务的发展前景。
4. 你认为还有哪些针对儿童开发的产品,其经济效益及发展前景如何?

九 课外活动

调查一下你周围同学的节假日消费情况并做具体分析。

小幽默

测谎器

　　一位推销员在高声叫卖:"请买最新式产品——测谎器,不论男女老少,不分好人坏人,活人死人,只要讲了谎话,灯泡马上就亮,百试百灵,货真价实,有备无患,以防受骗……"他又说:"哎,先生,您看了半天也不吭声,您在想什么?"

　　"我在想,灯泡怎么没亮?亮了我准买。"一位先生回答说。

第十四单元　交通工具

课文一

（张志诚、王浩、金在旭、田中和朴淑英到刘老师新家做客）

刘老师：我这儿好找吧，你们是怎么来的？

王　浩：金在旭和田中、朴淑英是打车来的，我骑摩托车，张志诚是自己开车来的吧？

张志诚：你气我是不是？我哪儿有自己的车？

王　浩：你是"雷声大雨点小"，嚷嚷买车好几年了，也不见有什么动静。

张志诚：现在买我觉得还不是时候。别的不说，就说车价，一个劲儿地落，接二连三的降价让人拿不定主意，搞不清什么价格才是公道的。再说，买得起车也养不起车呀，国际市场的原油价格一直在涨，国内市场的油价也随着涨，我认识的一些有车族为了省油，平时也不开车，只有在节假日外出游玩儿时才开。我还是等等吧。

刘老师：可不是嘛，近几年北京私家车发展太快，道路的拥堵现象时有发生，有时开车并不是一种享受。

张志诚：堵车不说，有时还找不到车位，倒不如打车省心、省事。另外修车也是笔大的开支。

田　中：在日本，也是修车比较贵。不过，刘老师，我看您每天是开车上下班的。

刘老师：搬了家以后，离学校较远，就下决心买了一辆车。你还别说，即使下了决心买车，买什么样的车也还是一件费脑筋的事。买汽车是添置大件，不能我一个人说了算，全家人都有参与的权利。我喜欢运动型动力强劲的汽车,我妻子喜欢一辆外型漂亮的两厢车。在颜色的选择上也是"萝卜青菜,各有所爱"。但是有两个原则是我们全家共同坚持的:一是买一辆安全、成熟的车,二是买一辆环保、节油的车。

王　浩:对我来说,买车还很奢侈。我的家离学校比较远,每天挤公共汽车也受不了,每天打车又太费钱,买一辆二手摩托车,又方便又省钱。

金在旭:我呀,省下交通费租学校附近的房子。对我来说,每天都是"无车日",我是一个环保主义者。

朴淑英:我感觉这两年北京的公共交通越来越便捷了,我们学校门口就有近十条公交线路,东边还有轻轨经过,南面不远是地铁站,真可谓是四通八达,利用公交出行还是很方便的。

田　中:对,世界各大城市大多采取优先发展公共交通的发展战略,像北京这样的特大城市要是每家都开私家车,不堵车才怪。

张志诚:有自己的车还是方便,有条件的话,我还是要买一辆自己的车。

刘老师：你要买车的话，我建议你找一家有实力、能提供良好的售后服务的经销商，你可千万不能贪图便宜几千块钱就随便找一家经销商。要知道，汽车是耐用消费品，再怎么着也得用上三五年，所以售后服务很重要。

课文二

朴淑英：最近在忙什么？

王　浩：我在学车。

朴淑英：怎么？你也要加入有车族的行列了？

王　浩：现在到汽车驾校学车的大学生特别多，学生中有车本的人越来越多。这也是一项技能，在找工作时可能会占些优势。

朴淑英：这都是潜在的消费群体啊！中国的汽车市场真大，怪不得那么多的国际汽车厂商争先恐后地挤进中国呢。

王　浩：是啊，据欧洲著名的咨询机构预测，再过三五年，中国将成为世界第一大汽车制造国，世界各大汽车公司纷纷在成本低廉、市场广阔的中国建立制造基地，这意味着中国将成为巨大的汽车出口源，另一方面，中国国内汽车市场潜力很大。

朴淑英：中国加入世界贸易组织以后，汽车关税已大幅下调，而且将于2006年前降至25%，这样会刺激更多的消费者买车。听说中国消费者70%是首次购车，真是商机无限啊。

王　浩：其实大家的心态都是"买涨不买落"，正是因为许多消费者期待着进口车和国产车会不断降价,所以目前都在持币待购,像张志诚一样。所以在短时间内,汽车市场的需求量不会上升。

朴淑英:养车的费用也不低,这也是张志诚看看再说的原因。

王　浩:是啊。北京一家公司的网上调查显示,当前家用轿车年养车费约为2万元,其中燃油费大约5200元,维修与保养费4500元,停车费4000元,其余为保险费、洗车费等。所以尽管政府鼓励市民消费,但是作为消费者也要理性消费。

朴淑英:有些人就是好面子,也不管需要不需要就盲目买车。王浩,我有一个问题,发展汽车工业、刺激汽车市场的需求与优先发展公共交通的城市发展战略是不是有矛盾?

王　浩:我认为没什么矛盾。一方面北京市采取优先发展公共交通的城市发展战略。在2008年奥运会前,北京的地铁将形成四通八达的地下网线。与其他交通工具相比,地铁除了能避免城市地面的拥挤和充分利用空间外,还有许多优点:运量大、速度快、无污染,还有准时、方便、舒适和节约能源等优点。我想越来越多的北京人会喜欢并利用公共交通的。另一方面,随着经济的发展、收入的提高,拥有私家车的人也会越来越多。

朴淑英:说了半天,你学了车也不买车呀?

王　浩:有备无患嘛。别看我现在学开车,但还没有买车的实力,我是"月光族"。

朴淑英:"月光"? 是"床前明月光"的"月光"吗?

王　浩:哪儿跟哪儿呀,是"当月的钱当月花光"的意思。

 生词语

1. 摩托车	(名)	mótuóchē	motorbike
2. 嚷	(动)	rǎng	shout
3. 动静	(名)	dòngjing	the sound of sth.
4. 接二连三		jiē'èrliánsān	one after another
5. 公道	(形)	gōngdào	justice
6. 原油	(名)	yuányóu	crude oil
7. 拥堵	(形)	yōngdǔ	traffic congestion
8. 开支	(名)	kāizhī	expanse
9. 费脑筋		fèi nǎojīn	reck one' brain
10. 添置	(动)	tiānzhì	purchase
11. 参与	(动)	cānyù	participate in
12. 权利	(名)	quánlì	right
13. 动力	(名)	dònglì	power
14. 强劲	(形)	qiángjìn	powerful

15. 原则	（名）	yuánzé	principle
16. 共同	（形）	gòngtóng	common; mutual
17. 成熟	（形）	chéngshú	ripe
18. 环保	（形）	huánbǎo	environmental-protection
19. 节油		jié yóu	preserve
20. 奢侈	（形）	shēchǐ	luxurious
21. 便捷	（形）	biànjié	convenient
22. 轻轨	（名）	qīngguǐ	light railway
23. 地铁	（名）	dìtiě	subway
24. 可谓	（动）	kěwèi	it may be said
25. 四通八达		sìtōngbādá	lead in all directions
26. 采取	（动）	cǎiqǔ	adopt
27. 优先	（副）	yōuxiān	take priority
28. 实力	（名）	shílì	actual strength
29. 售后	（副）	shòuhòu	after sales
30. 经销商	（名）	jīngxiāoshāng	dealer
31. 贪图	（动）	tāntú	seek
32. 耐用	（形）	nàiyòng	durable
33. 优势	（名）	yōushì	advantage
34. 潜在	（形）	qiánzài	latent
35. 群体	（名）	qúntǐ	group
36. 争先恐后		zhēngxiān-kǒnghòu	rush to the fore
37. 咨询	（动）	zīxún	seek advice from
38. 机构	（名）	jīgòu	mechanism
39. 预测	（动）	yùcè	forecast
40. 低廉	（形）	dīlián	cheap
41. 广阔	（形）	guǎngkuò	wide; capacious
42. 基地	（名）	jīdì	base
43. 意味	（动）	yìwèi	mean

44. 出口源	（名）	chūkǒuyuán	the source of exportation
45. 大幅	（副）	dàfú	substantially
46. 下调	（动）	xiàtiáo	cut down
47. 商机	（名）	shāngjī	business opportunity
48. 无限	（形）	wúxiàn	infinite
49. 心态	（名）	xīntài	attitude
50. 期待	（动）	qīdài	expect
51. 持币待购		chíbì dàigòu	holds the coin to treat buys
52. 需求量	（名）	xūqiúliàng	demand
53. 理性	（名）	lǐxìng	rational
54. 盲目	（副）	mángmù	blind
55. 矛盾	（名）	máodùn	contradiction
56. 拥挤	（形）	yōngjǐ	crowded
57. 舒适	（形）	shūshì	comfort
58. 有备无患		yǒubèiwúhuàn	be prepared-against want

 注　　释

1. 雷声大雨点小。

    比喻声势大、行动小或说得好听、做得很差。

例句：

1) 甲：他一直说请我们吃饭的。

    乙：他这个人你还不知道，从来是"雷声大雨点小"。

2) 甲：在市政规划中，这个地方不是要建一个街心花园吗？

    乙："雷声大雨点小"呗。

2. 一个劲儿……

    表示在一段时间内连续不断地频繁地做某事或某动作，侧重于多次重复、执意坚持，或专注、稳定持久。

例句:

1) 她一个劲儿地哭,我们劝也劝不住。

2) 他踩了我的脚,一个劲儿对我说"对不起"。

3) 他低着头,一个劲儿地往前跑,好像没听见我们叫他。

3. **可不是嘛。**

也可缩略为"可不",用反问的形式表示很赞同对方的话。

例句:

1) 甲:这些年来,北京的变化真大。

乙:可不是嘛,有些地方我都认不出来了。

2) 甲:这次考试可真够难的。

乙:可不,我们班有三分之一的人不及格。

4. **……不说,……**

表示超出了前面所说的,还有其他的情况。

例句:

1) 他人长得帅不说,为人也诚恳、热情。

2) 这个楼盘的地理位置好不说,配套设施也齐全,有幼儿园、学校、医院等。

5. **萝卜青菜,各有所爱。**

指人的爱好各有不同。

例句:

1) 她们俩是双胞胎,但在择偶问题上却"萝卜青菜,各有所爱",姐姐喜欢成熟稳重的事业型男人,妹妹喜欢青春热情、充满活力的阳光男孩。

2) 谈到运动,我们家里的人是"萝卜青菜,各有所爱",我喜欢羽毛球,我妻子喜欢游泳,我儿子喜欢篮球。

6. **对我来说……**

"对……来说",表示从某人或某事的角度看。

例句:

1) 对你来说,听和说不是问题,主要是加强读和写的练习。

2) 对孩子来说,家长的一言一行都有极深远的影响。

3) 对我来说,目前还不具备购房的经济实力。

7. 要知道……

用做插入语。表示提醒对方注意,指出对方应该了解并确认的某一事实或道理,也是对前面提到的问题或情况做出进一步解释说明。

例句:

1) 我们必须确保质量,要知道质量就是企业的生命。

2) 甲:我们的报价是每打衬衫四十美元。

乙:是不是太高了?要知道市场上同类产品的报价只有三十五美元。

8. (再)怎么着(说)也得……

表示无论如何应该做某事或达到某种程度。

例句:

1) 甲:小王生病了,你去看他吗?

乙:我最近很忙,不过他是我的好朋友,我再怎么着也得去看看他。

2) 甲:我这些钱够不够买那个手袋的?

乙:那是名牌!怎么说也得上千元。

9. 说了半天……

表示在与对方的谈话中发现意想不到的真实的情况。

例句:

1) 甲:"上有天堂,下有苏杭",苏州、杭州的名胜古迹可多了,有拙政园、灵隐寺……,要是有机会去看看就好了。

乙:说了半天,你也没去过啊?

2) 甲:网上有个叫"孤独客"的人常常发帖子评论时事。

乙:本人的水平不低吧?

甲:啊?说了半天,"孤独客"就是你呀?!

10. 别看……

"别看"的意思是不要从表面或习惯认识上判断,后面多指出别人想不到的地方。

例句:

1) 别看他出身豪门,但平时生活却十分节俭。

2) 别看这家小店门脸不大,但里面的东西很有特色,吸引了不少顾客。

一 根据课文内容用所给的词语回答问题

1. 张志诚现在想买车吗？为什么？（降价、涨价）
2. 刘老师为什么说"有时开车并不是一种享受"？（拥堵）
3. 刘老师一家在买车问题上各有什么想法？（添置、费脑筋）
4. 王浩和金在旭各自使用什么交通工具？他们各有什么想法？（奢侈、环保）
5. 朴淑英对北京的公共交通有什么看法？（便捷、四通八达）
6. 刘老师对张志诚买车有什么建议？（售后服务）
7. 王浩为什么去学开车？（技能、优势）
8. 为什么越来越多的汽车厂商在中国建厂？（成本、市场、潜力）
9. 与其他交通工具比，地铁有哪些优点？（避免、利用）

二 在不改变原句意思的前提下，用所给的词语改写画线部分

参与　耐用消费品　潜在　潜力　刺激　商机　持币待购　盲目

1. 在购买电视机、冰箱等<u>使用时间比较长的商品</u>时要选择售后服务好的厂家的产品。
2. 央行多次降低存款利息是为了<u>鼓励人们消费</u>。
3. 别看他现在学习成绩不太好，但是他还有<u>能力没发挥出来</u>，我相信他一定会考出好成绩的。
4. 这条街上客流量大，在这儿开餐厅一定有很多<u>赚钱的机会</u>。
5. 我不是不想买车，而是<u>等待买车的好时机</u>。
6. 这是<u>没有显露出来</u>的问题，我们应该给予重视。
7. 有些人<u>不是理性消费</u>，广告上说什么好就买什么。
8. 得不得奖不重要，重要的是<u>参加</u>。

三　请仿照例子补充空白部分的词语，并扩展成一句话

例：努力学习　努力工作　小王每天都努力工作。

1. 成本低廉　　　　＿＿＿＿＿低廉
2. 大幅下调　　　　大幅＿＿＿＿＿
3. 添置大件　　　　添置＿＿＿＿＿
4. 坚持原则　　　　坚持＿＿＿＿＿
5. 价格公道　　　　价格＿＿＿＿＿
6. 动力强劲　　　　＿＿＿＿＿强劲
7. 潜在的消费群体　潜在的＿＿＿＿＿
8. 费脑筋　　　　　费＿＿＿＿＿

四　仿照例句，用画线的词语对 A 的话做出回应

1. 例句：别看我现在学开车，但还没有买车的实力。
   A：孩子这么小，你让他一个人去放心吗？
   B：

2. 例句：堵车不说，有时还找不着车位。
   A：你"十一黄金周"不愿出去玩儿？
   B：

3. 例句：萝卜青菜，各有所爱。
   A：大家都想听流行歌曲，只有你想听京剧。
   B：

4. 例句：对我来说，每天都是"无车日"。
   A：你为孩子想的真周到啊。
   B：

5. 例句：可不是嘛。
   A：北京是一个缺水的城市。
   B：

6. 例句：再怎么着也得用上三五年。
   A：这件事我可能帮不上小王的忙。

B：

7. 例句：国内市场油价<u>一个劲儿</u>地上涨。

    A：同学们对他的演讲反应怎么样？

    B：

8. 例句：<u>哪儿跟哪儿呀</u>！

    A：李明常常来找你，他是不是你男朋友啊？

    B：

9. 例句：<u>说了半天</u>，你学了车也不买车啊？

    A：周六我要学电脑，周日我要陪女朋友上街买东西。

    B：

五　用自己的话解释这些词语或说法

1. 雷声大雨点小：

2. 萝卜青菜，各有所爱：

3. 买涨不买落：

4. 持币待购：

5. 哪儿跟哪儿呀：

六　请用所给的词语完成下列句子

1. 他说了好几次邀请我吃饭，＿＿＿＿＿＿＿＿＿＿＿＿＿＿＿＿。（动静）
2. 你说向东，他说向西，＿＿＿＿＿＿＿＿＿＿＿＿＿＿＿＿＿。（拿不定）
3. 他喜欢踢球，＿＿＿＿＿＿＿＿＿＿＿＿＿＿＿＿＿＿＿＿。（享受）
4. 方便面虽然没什么营养，＿＿＿＿＿＿＿＿＿＿＿＿＿＿＿＿。（省事）
5. 我们的活动经费不太多，＿＿＿＿＿＿＿＿＿＿＿＿＿＿＿＿。（开支）

6. 在这个问题上双方看法不一致，_____。（矛盾）
7. 为了更多地了解社会，_____。（鼓励）
8. 我喜欢去那家电影院看电影，_____。（舒适）
9. 说到义务献血，大家的热情很高，_____。（争先恐后）
10. 你一个人住这么大的房子，_____。（奢侈）

七、你同意下面的看法吗

1. 中国加入世贸后，因为汽车关税下调会刺激更多人买车。
2. 北京应优先发展城市公共交通。
3. 租车比买车更合算。

八、请根据参考词汇回答下面的问题

拥堵　省油　环保　无车日　坚持　便捷　四通八达　需求　养车费

1. 介绍一个你所熟悉的城市的交通发展战略。
2. 你对你所在城市的交通有什么看法与建议？
3. 如果你要买一辆汽车，你有什么具体的要求与想法？

九、课外活动

1. 参观一个汽车销售市场，了解近一个月来的汽车销售情况。
2. 调查一下你周围中国学生的学车情况。

小幽默

鲸鱼价钱

一名公司职员刚领到薪水，就带着太太上一家豪华的餐馆吃了一顿。吃完饭，服务员来结账，公司职员问："怎么一杯酒要这么多钱？"

"是啊,本店一杯酒也按一瓶计价,其他项目也是这样。"

太太听到这话,脸色一下子变得惨白。丈夫吓坏了,忙问:"怎么回事?"

"刚才我吃了一块鲸鱼肉!"

第十五单元 旅游

课文一

朴淑英：寒假快到了，你有什么打算？

田　中：听说哈尔滨的冰雪节很有意思，我想去看看。

朴淑英：哈尔滨冬天的气温在零下二十多度，你不怕冷吗？

田　中：不是说"越冷越去哈尔滨"嘛。哈尔滨的冬天才最有意思呢。冰雪节嘛，顾名思义，就是有许多围绕冰雪的项目：冰灯、冰帆、冰雕、雪雕、滑冰、滑雪等。我最喜欢滑雪了。

朴淑英：我可想找一个温暖的地方晒晒太阳。王浩，你能给我推荐个地方吗？

王　浩：海南岛这个季节温暖如春，可以游泳、潜水，如果愿意的话，你可以来个自助游。

朴淑英：人生地不熟的，我还是跟旅行团去吧。我看了报纸上的广告，海南双飞五日游，有的旅行社的报价只有一千块钱。

王　浩：俗话说"便宜没好货"。你想呀，北京到海南的往返机票怎么也得两千多块钱，再加上五天的吃和住，少说也得三千块，赔本的生意谁做啊，到时候还不是羊毛出在羊身上？

朴淑英：怎么个出法儿？

王　浩：先带你购物，从海产品到珍珠、水晶、茶叶、热带水果什么的；再带你玩儿些自费项目，潜水、海底漫步、海上摩托艇……全是些惊险、刺激的玩意儿，你的钱包就要瘪了。

朴淑英：你有什么建议吗？

王　　浩：要我说呀，你就参加个四星纯玩儿团，全程不进店购物，无任何强制性消费，只是玩儿。这样，贵是贵了点儿，但有充裕的时间领略海南的风土人情，也值啊。

朴淑英：想想碧蓝的海水、纯净的沙滩、和煦的阳光和海风……我决定了，就去海南岛！快乐是人生的一大追求啊！

王　　浩：看把你美的，你还是先联系一个旅行社，现在是海南旅游的旺季，不抓紧的话，可能报不上名。

田　　中：听你们这么一说，我也真恨不得跟你一起去。

朴淑英：你不去也没关系，我回来会给你带些海南的土特产。

田　　中：土特产就算了吧。出了校门，水果摊上有的是椰子、芒果什么的，想吃什么随时可以买。不过，你的心意我领了。

课文二

（朴淑英给旅行社打电话，联系去海南旅游）

接待员：您好。这里是四季旅行社。

朴淑英：您好。我想咨询一下春节期间去海南旅行的行情。

接待员：您是自助游还是随团？

朴淑英：自助游和随团各有什么特点？

接待员：自助游不用跟着旅行团的固定行程，可以随意地安排自己的行程，由我们代购机票、预定酒店；随团是在海南全程有导游，行程安排固定、紧凑。

朴淑英：随团吧。五日四星纯玩儿团在春节期间多少钱？

接待员：春节期间是三千二百元，但是现在报名的话可以优惠一百元。

朴淑英：太贵了，别的旅行社同类产品的报价只有两千元。

接待员：那要看怎么说了，论价格，我们的确不是最便宜的，但您也知道"便宜没好货，好货不便宜"的道理，旅行社之间的激烈竞争，使个别的旅行社存在着不好的行为，您要小心低价陷阱。我想您也比较过各个旅行社的海南游报价，我们不是最便宜的，但却是性价比最好的。

朴淑英：可是你们在报纸上广告的报价也只有二千四百元，为什么涨价了？

接待员：我们也是不得已。春节期间是海南旅游的旺季，首先是飞机票价格上调,其次是酒店爆满,所以旅游成本加大,旅行社的利润几乎没有,我们现在都是零利润、负利润接团了。

朴淑英:别开玩笑了,难道你们是赔本赚吆喝?

接待员:我们是靠与航空公司、酒店和旅游景点的长期合作,来降低各个环节的成本,我们这个价位是您自己绝对拿不到的。

朴淑英:您说的也是。那么怎样报名?

接待员:您可以电话预定后到我们的各个门市部报名,也可以网上报名、网上交费。收到银行划款后,我们会电话与您确认,并在出发前两天会将机票和具体日程表快递到您处。

朴淑英:好,我就报一个五日四星纯玩儿团。顺便问一句,海南的地陪可靠吗?行程会不会缩水?

接待员:这您放心,我们是品牌旅行社,是北京十强之一,最讲诚信。我们会完全按照合同办事。您旅行归来,我们还会电话回访您,无论您对旅行的哪个环节不满意,都可以反映,还可以向有关部门或消费者协会投诉。

 生词语

1. 顾名思义		gùmíngsīyì	as the term suggests
2. 围绕	(动)	wéirào	round
3. 冰灯	(名)	bīngdēng	ice light
4. 冰帆	(名)	bīngfān	ice sail

5. 冰雕	（名）	bīngdiāo	ice engraving
6. 雪雕	（名）	xuědiāo	snow engraving
7. 滑冰		huá bīng	skating
8. 滑雪		huá xuě	skiing
9. 推荐	（动）	tuījiàn	recommend
10. 潜水		qián shuǐ	dive
11. 自助游	（名）	zìzhùyóu	budget travelling
12. 赔本	（形）	péiběn	run business at a loss
13. 惊险	（形）	jīngxiǎn	thrilling
14. 玩意儿	（名）	wányìr	thing
15. 瘪	（形）	biě	deflated; shriveled
16. 全程	（名）	quánchéng	whole course
17. 强制性	（形）	qiángzhìxìng	mandatory
18. 充裕	（形）	chōngyù	abundant
19. 领略	（动）	lǐnglüè	experience
20. 风土人情		fēngtǔrénqíng	local customs and practices
21. 碧蓝	（形）	bìlán	greenish orchid
22. 纯净	（形）	chúnjìng	pure
23. 和煦	（形）	héxù	pleasantly warm
24. 旺季	（名）	wàngjì	peak season
25. 抓紧	（动）	zhuājǐn	strive to do
26. 土特产	（名）	tǔtèchǎn	local specialty
27. 椰子	（名）	yēzi	coconut palm
28. 芒果	（名）	mángguǒ	mango
29. 心意	（名）	xīnyì	regard, concern
30. 行程	（名）	xíngchéng	itinerary
31. 随意	（动）	suíyì	do something at will
32. 安排	（动）	ānpái	arrange
33. 紧凑	（形）	jǐncòu	compact

34. 行为	（名）	xíngwéi	action
35. 低价	（形）	dījià	at a low price
36. 陷阱	（名）	xiànjǐng	trap
37. 上调	（动）	shàngtiáo	up-regulate
38. 爆满	（形）	bàomǎn	be packed
39. 降低	（动）	jiàngdī	cut down
40. 环节	（名）	huánjié	link
41. 划款		huà kuǎn	transfer the money to sb' account
42. 确认	（动）	quèrèn	confirm
43. 地陪	（名）	dìpéi	native companion
44. 缩水		suō shuǐ	shrink
45. 诚信	（名）	chéngxìn	credit
46. 回访	（动）	huífǎng	pay a return visit
47. 协会	（名）	xiéhuì	association
48. 投诉	（动）	tóusù	complain

 注　释

1. 少说……

　　表示对事物某方面的数量的保守或最低限度的估计。

例句：

　　1）寄平信的话，少说要四五天才能到，你要是着急，建议你寄特快专递。

　　2）北京的餐饮业竞争激烈，每年少说也得有几十家餐馆倒闭。

2. 怎么个出法儿？

　　"怎么个……法"中间嵌入形容词或表示心理活动的动词，用于询问程度。

例句：

1) 甲：冬天的哈尔滨可冷了。

   乙：怎么个冷法？

   甲：冷得你伸不出手来。

2) 甲：小张特别喜欢那个影星。

   乙：怎么个喜欢法？

   甲：那个影星演的电影他全看过，有的还看了好几遍呢。

3. 要我说呀……

   就对方的说法提出自己的意见。

例句：

1) 甲：高考报志愿时，是选名牌大学还是选热门专业？

   乙：要我说呀，如果不能兼得，专业更重要。

2) 甲：五一黄金周，我们去"游"还是"留"？

   乙：要我说呀，留在家里休息最好，省得人挤人。

4. 看(瞧)把(你)……得。

   表示说话人觉得对方的某种行为过度或感情过分外露。

例句：

1) 甲：什么！我只考了六十分？

   乙：看把你吓得！我是开玩笑的，你得了九十分呢。

2) 看把他忙得！连跟我们说一句话的工夫都没有。

5. 听你(们)这么一说……

   根据对方的话做出推论或者判断。

例句：

1) 甲：最近房价上涨，贷款利率也上调了。

   乙：听你这么一说，你最近是不打算买房了？

2) 甲：长期从事办公室工作容易得颈椎病。

   乙：听你这么一说，我还真得加强锻炼了。

6. 恨不得……

   "恨不得"表示急切地希望实现某种愿望。

例句：

1) 她恨不得明天就放寒假，那样她就可以回国与家人团聚了。

2) 他恨不得"一口吃个胖子"，可是工作这么多，要一项一项干，着急也没用。

7. 算了吧。

认为没必要这样做。

例句：

1) 甲：周末一起出去吃饭，好吗？

乙：算了吧！下周考试，现在要抓紧时间复习。

2) 甲：明年我们订两份报纸怎么样？

乙：我看算了吧！在网上看看新闻就行了，报纸看完还占地儿。

8. 那要看怎么说了。

(1) 表示一件事情如果从不同角度看会有不同结论。

例句：

1) 甲：只要质量好，就不怕没销路，"酒香不怕巷子深"嘛。

乙：那要看怎么说了。

2) 甲：找工作就要找大公司，那里有发展前途。

乙：那要看怎么说了，中小公司也许更有个人发展的空间。

(2) "那要(得)看……"表示不能确定，要根据具体的情况来判断，后面用疑问词词组。

例句：

1) 甲：买辆车得花多少钱？

乙：那要看你买什么档次的了，低的几万元，中档的十几到二十万元，高档的要几十或上百万元。

2) 甲：汉语好学吗？

乙：那得看你下多大功夫了。

9. 不得已。

表示并非出于自愿或本意，而是情势所逼。因为没有别的办法可想，不得不采用某种处理方法。

例句:

1) 甲:买房子一百万,你贷款就贷了七十万?

乙:这也是不得已,手头儿没那么多钱呀。

2) 我打了几次电话都没打通,不得已,只好跑到她办公室找她。

一 根据课文内容用所给的词语回答问题

1. 田中为什么想去哈尔滨?(有意思)
2. 王浩给朴淑英什么建议?(温暖、自助游)
3. 旅行社报低价会不会赔本?(羊毛出在羊身上)
4. 四星纯玩儿团有什么特点?(无、领略)
5. 四季旅行社的海南五日游不是最便宜的,朴淑英为什么选择了它?(性价比)
6. 自助游和随团各有什么特点?(固定、随意)
7. 海南游在春节期间为什么涨价了?(旺季、上调)
8. 朴淑英担心什么?(可靠、缩水)
9. 旅行社对朴淑英有什么承诺?(按照、投诉)

二 在不改变原句意思的前提下,用所给的词语改写画线部分

土特产 旺季 性价比 品牌 诚信 投诉 利润 行情 赔本

1. 他对电脑<u>市场的情况</u>比较了解,你可以问问他。
2. 老字号讲究<u>以诚待客</u>,吸引着一代又一代消费者。
3. 每年四、五月份是空调销售的<u>最好时候</u>,各个厂家都不会放过这个商机。
4. "3.15"是消费者权益日,因为产品质量、售后服务等问题向消费者协会<u>提出申诉</u>的情况很多。
5. 惠山泥人是江苏无锡<u>当地特有的产品</u>。

6. 商场搞"买100返100"的活动会不会<u>赔钱</u>呀?
7. 如果只想<u>赚钱</u>而不考虑社会效益的话,企业就不能有更大的发展。
8. 海尔是中国家电产业中一个著名的<u>牌子</u>。
9. 买电脑不能只考虑价格,还要考虑<u>性能与价格的关系</u>。

三 请仿照例子补充空白部分的词语,并扩展成一句话

例:努力学习　努力<u>工作</u>　小王每天都努力工作。

1. 竞争激烈　　_____激烈
2. 低价陷阱　　_____陷阱
3. 价格上调　　_____上调
4. 酒店爆满　　_____爆满
5. 预定酒店　　预定_____
6. 降低成本　　_____成本
7. 行程缩水　　_____缩水
8. 按合同办事　按_____办事

四 仿照例句,用画线的词语对A的话做出回应

1. 例句:<u>看把你美的</u>。
   A:这次考试我得了100分。
   B:

2. 例句:<u>怎么个出法儿</u>?
   A:这周末国际学院组织留学生去北戴河旅游。
   B:

3. 例句:<u>那要看怎么说了</u>。
   A:"皇帝女儿不愁嫁",人家是国营大厂,还怕产品卖不出去!
   B:

4. 例句:<u>难道你是赔本赚吆喝</u>?
   A:刚开店一个月,扣除原材料和工钱,挣了不到一百块钱。
   B:

第十五单元　旅游

5. 例句：别开玩笑了。

    A：我炒了老板的鱿鱼。

    B：

6. 例句：土特产就算了吧。

    A：你帮了我大忙，我要请你吃饭。

    B：

7. 例句：春节期间是海南旅游的旺季，首先是飞机票价格上调，其次是酒店爆满。

    A：近年来，国际市场上的油价为什么持续上涨？

    B：

8. 例句：少说也得三千块。

    A：四星级宾馆的标准房一天要多少钱？

    B：

9. 例句：我也真恨不得跟你一起去。

    A：你两年没回国了吧？

    B：

10. 例句：要我说呀，你就参加个四星纯玩儿团。

    A：我老是记不住生词，你说怎么办呢？

    B：

五　用自己的话解释这些词语或说法

1. 人生地不熟：

2. 羊毛出在羊身上：

3. 赔本赚吆喝：

4. 便宜没好货，好货不便宜：

六 请用所给的词语完成下列句子

1. 自助游，_____。（顾名思义）
2. 我对北京不熟悉，_____。（推荐）
3. 下周就期中考试了，_____。（抓紧）
4. _____，请你一定收下。（心意）
5. _____，你就原谅他吧。（不得已）
6. 会议期间的食宿由会议主办方负责，_____。（自费）
7. _____，我很想去看看。（风土人情）
8. 是联想电脑专卖店吗？_____。（咨询）
9. 我想找一个保姆，_____。（可靠）
10. 我刚从海南回来，_____。（行程）

七 你同意下面的看法吗

1. 便宜没好货，好货不便宜。
2. 买的没有卖的精。
3. 旅行社的确存在零利润、负利润接团的情况。
4. 旅游业越来越成为一个支柱产业。

八 请根据参考词汇回答下面的问题

自助游　随团　领略　围绕　土特产　预定　导游　行程　固定
陷阱　旺季　缩水　品牌　诚信

1. 谈谈你最有趣的一次旅行经历。
2. 你喜欢自助游还是随团游？
3. 你利用黄金周外出旅行过吗？你对黄金周有什么看法？

九 课外活动

做一个企划书，向中国游客推荐你们国家的一条旅游热线。

推销员

一次,A 国和 B 国的两家皮鞋工厂,各自派了一名推销员到太平洋上某个岛屿去开辟市场。两个推销员到达后的第二天,分别给自己的工厂拍了一份电报回去。

一封电报是:"这座岛上没有人穿鞋子,我明天搭第一班飞机回去。"

另一份电报是:"好极了,我将驻在此地,这个岛上没有一个人穿鞋子,很有潜力……"

词汇总表

A

安静	（形） ānjìng	12	quiet	静かだ	조용하다
安居乐业	ānjūlèyè	12	live and work in peace and contentment	に生活し、愉快に働く	평안하고 조용히 살면서 평안하고 조용히 살면서 즐겁게 일하다
安排	（动） ānpái	15	arrange	手配する、計画を立てる	배치하다, 배분하다
安全	（名） ānquán	3	safety	安全	안전
按时	（副） ànshí	2	on schedule	スケジュールどうり、予定どうり	제시간에
按照	（介） ànzhào	3	according to; in term of	によって	~에 비추어. ~에 따라. ~대로. ~에 근거하여
暗示	（动） ànshì	2	to imply; drop a hint	ヒントを与える、暗示する	암시(하다)

B

白	（副） bái	9	for nothing	ただ	아무것도 없이, 헛되이, 쓸데없이
拜托	（动） bàituō	5	to request a favor	頼む	부탁하다
办	（动） bàn	4	to handle; to deal with	処理する	일을 보다, 일을 처리하다
帮忙	bāng máng	5	to help	手伝う	일(손)을 돕다. 원조하다
包括	（动） bāokuò	6	to include	含む	포괄하다, 포함하다, 일괄하다
保证	（动） bǎozhèng	3	to guarantee	保証する	담보하다. 보증하다
报价单	（名） bàojiàdān	8	quotation; a list of product prices	オファーシート 値段	값의 단계입찰 가격표
抱怨	（动） bàoyuàn	1	to complain	愚痴をこぼす	원망을 품다. 원망하다
爆满	（形） bàomǎn	15	be packed	手一杯の状態	꽉 차다, 만원이 되다
悲观	（形） bēiguān	4	pessimistic	悲観	비관적이다
本地	（形） běndì	4	local	当地	본지, 이 땅(곡), 당지
比重	（名） bǐzhòng	11	proportion	比率	비중
碧蓝	（形） bìlán	15	greenish orchid	真っ青	짙은 남색(의)
避免	（动） bìmiǎn	2	to avoid	避ける	피하다. 모면하다

便捷	（形） biànjié	14	convenient	便利だ	편리하다, 간편하다
标准	（名） biāozhǔn	3	standard; criteria	スタンダード、標準	표준
表面	（名） biǎomiàn	7	appearance	表面	표면, 외견, 외관
表扬	（动） biǎoyáng	6	praise; commend	褒める	표창하다, 표양하다
瘪	（形） biě	15	deflated; shriveled	窪む、凹む、干からびる	오그라들다
冰灯	（名） bīngdēng	15	ice light	氷で作られた灯	(얼음으로 조각한) 얼음등
冰雕	（名） bīngdiāo	15	ice engraving	氷で作られた彫刻	얼음 조각
冰帆	（名） bīngfān	15	ice sail	氷で作られた帆	빙상 요트
博士	（名） bóshì	8	doctor's degree	博士	박사
补充	（动） bǔchōng	9	to complement	ことを未解決のまま棚上げにする	중간에서 흐지부지 그만두다
不了了之	bùliǎoliǎozhī	1	end up with nothing definite	ことを未解決のまま棚上げにする	중간에서 흐지부지 그만두다
不如	（动） bùrú	3	to be not as good as	に及ばない、…よりも…のほうがいい	~만 못하다. ~하는 편이 낫다
不足		bùzú	6	be insufficient	足りない	부족하다, 모자라다
步	（名） bù	3	step; pace	ペース	걸음

C

财富	（名） cáifù	12	wealth	財産、財	재부
采取	（动） cǎiqǔ	14	adopt	採用する	취하다, 채택하다
参与	（动） cānyù	14	participatein	参加する	참여하다
餐饮	（名） cānyǐn	12	dining	飲食	음식
操心		cāo xīn	7	worry	心配する	마음을 쓰다(졸이다), 걱정(고민)하다
策略	（名） cèlüè	4	strategy	戦略	책략, 전술
层次	（名） céngcì	7	arrange something in different grades according to level; gradation	段階	단계, 수속
差异	（名） chāyì	2	difference	差、相違点	차이
产生	（动） chǎnshēng	9	to bring about	生み出す、生まれる、発生する	나타내다, 출산(하다). 낳다. 태어나다
产业	（名） chǎnyè	8	industrial	産業	산업

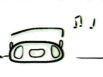

厂家	（名）	chǎngjiā	3	factory	生産業者、メーカー	공장. 제조업자
超过	（动）	chāoguò	6	to more than	超える	따라 앞서다, 추월하다, 초과하다
沉重	（形）	chénzhòng	12	heavy	重い	(무게, 기분, 부담 등이)무겁다; (병, 죄 등이)심각하다
称心	（形）	chènxīn	8	be content with	思うまま	마음에 맞다
成本	（名）	chéngběn	5	total cost to manufacture a product	コスト	원가
成功	（动）	chénggōng	4	succeed	成功	성공(하다), 완성(하다)
成果	（名）	chéngguǒ	8	achievem	成果	성과
成交量	（名）	chéngjiāoliàng	12	the amount to strike a deal	取引高	거래액
成熟	（形）	chéngshú	14	ripe	成熟だ	성숙하다, 익다
成心	（形）	chéngxīn	10	intentionally; purposely	わざと、故意に	고의적
承认	（动）	chéngrèn	7	to admi	承認する、認める	시인하다, 동의하다
诚信	（名）	chéngxìn	15	credit	誠実、信用	성실, 신용
持币待购		chíbì dàigòu	14	holds the coin to treat buys	買うかどうか様子見をしている状態	돈을 가지고 물건 구매 기회를 기대하다
充分	（副）	chōngfèn	1	to be adequately; to be fully	十分だ	충분히. 완전히. 십분
充裕	（形）	chōngyù	15	abundant	余裕がある、豊かだ、ゆったり	풍족하다, 넉넉하다, 여유가 있다
抽空儿		chōu kòngr	5	to manage to find	間合いをはかる	틈[시간]을 내다
出口	（动）	chūkǒu	10	export	輸出する	수출하다
出口源	（名）	chūkǒuyuán	14	the source of exánportation	輸出元	수출원
厨房	（名）	chúfáng	12	kitchen	キチン	부엌
处理	（动）	chǔlǐ	2	to deal with; to cope	解決する	처리하다
传统	（形）	chuántǒng	13	tradition	伝統的だ	전통적
喘	（动）	chuǎn	11	breathe	喘ぐ	헐떡이다, 숨차다
创新		chuàng xīn	2	to create	古いものを捨てて新しいものを作り出す、新機軸を出す	옛것을 버리고 새 것을 창조하다
创造	（动）	chuàngzào	6	to achievement; to create a new method	作る、作り出す、創出する	창조하다, 만들다

词汇总表

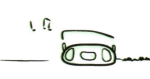

纯净	（形）chúnjìng	15	pure	純だ、純一だ、純潔だ	(성분이)순수하다, 깨끗하다, 청정하다
刺激	（动）cìjī	6	stimulate	刺激を与える	자극하다
从来	（副）cónglái	2	ever; always	従来	지금까지, 여태껏, 이제까지
促销	（名）cùxiāo	7	promote sales	販売促進	판매를 촉진시키다
措施	（名）cuòshī	3	measurement	措置	조치

D

答应	（动）dāying	10	to agree with; to promise; to answer	承諾する	대답하다, 응답하다
达到	（动）dádào	6	to achieve	達する	달성하다, 도달하다
打赌	dǎ dǔ	10	to bet	賭けをする	내기를 하다
打算	（动）dǎsuan	2	to intend	擦るつもり、考える、企てる	~하려고 하다, ~할 작정이다, 계획하다
打折	dǎ zhé	7	at a discount	割引	할인을 해주다
打主意	dǎ zhǔyi	13	make up one's mind	対策を練る、方法を考える、目をつける	방법을 생각하다
大幅	（副）dàfú	14	substantially	大幅に	대폭
大家	（代）dàjiā	1	everybody	皆	모두
大款	（名）dàkuǎn	12	the people who have a lot of money	大金持ち	큰 부자, 대부호
大于	（动）dàyú	9	more than	より大きい	~보다 많다(크다, 높다)
大众化	（名）dàzhònghuà	11	identifying with the masses	普及される	대중화
代表	（动）dàibiǎo	1	to represent	代表する	대표하다
贷款	dài kuǎn	11	loan	金を貸し付ける	대출하다
单位	（名）dānwèi	4	unit (as an organization)	職場	직장
耽误	（动）dānwù	7	to be late for something	とどおこらせる、邪魔する	일을 그르치다, 시간을 허비하다
当地	（名）dāngdì	2	local	ローカル	현지
当面	dāngmiàn	2	face to face	を前に、面と向って、直に	마주 보다, 직접 맞대다
档次	（名）dàngcì	5	grade	レベル	등급
到处	（副）dàochù	9	everywhere	どこでま	여기저기
登陆	dēng lù	13	surf on the internet	上陸	상륙하다

低价	(形) dījià	15	at a low price	安い価額	헐값(이다), 싼 값(이다), 염가(이다), 저렴(하다)
低廉	(形) dīlián	14	cheap	廉価的だ	저렴하다
抵抗	(动) dǐkàng	13	resist	抵抗する	저항하다, 대항하다
地理	(名) dìlǐ	5	natural features of the world or a region	地理	지리
地陪	(名) dìpéi	15	native companion	当地の添乗員	현지 관광 안내원
地铁	(名) dìtiě	14	subway	地下鉄	지하철
电器	(名) diànqì	12	home applia	電器	전기
调查	(动) diàochá	6	to survey; to investigate	調査する	조사하다
调查表	(名) diàochábiǎo	10	questionnaire	調査表	조사표
丁克	(名) dīngkè	13	DINK (double income, no kids)	ディンクス（子供のないとも働きの夫婦）	아이가 없는 부부나 가정
钉子	(名) dīngzi	10	nail	釘	못
动静	(名) dòngjing	14	the sound of sth.	物音、物事の動き、様子	동정, 동태
动力	(名) dònglì	14	power	動力、原動力	동력, 원동력
动心	(形) dòngxīn	4	one's mind is disturbed	心が動く、欲が出る	마음을 움직이다, 마음이 끌리다
豆浆	(名) dòujiāng	9	soya bean milk	豆乳	콩국
对手	(名) duìshǒu	5	opponent	相手	상대, 호적수
对象	(名) duìxiàng	11	target; object	対象	대상
多样性	(名) duōyàngxìng	9	diversity	多様性	다양성

E

| 二手 | (形) èrshǒu | 10 | second hand | 受け売りの | 중고(품) |

F

发表	(动) fābiǎo	9	to express one's opinions	公表する	발표하다
发动机	(名) fādòngjī	9	motor or engine	エンジン	발동기. 엔
发挥	(动) fāhuī	1	to bring into play; to exert	発揮する、生かす	발휘하다
发展	(动) fāzhǎn	5	to expand	発展する、成長する	발전하다
反调	(名) fǎndiào	6	different views or opinions	反対な意見	반대의 논조

反正	（副）	fǎnzhèng	1	anyway	どうせい	어차피. 결국. 어쨌든. 아무튼
返券		fǎn quàn	13	return coupon	返点（販促手段としてのポイント）	물건을 사면 소비자에게 일정한 이익을 주다
范围	（名）	fànwéi	3	range	範囲	범위
方式	（名）	fāngshì	4	way; method	方式	방식, 방법, 일정한 형식
房贷	（名）	fángdài	12	the loan of house	部屋を買うための貸付	주택구입융자금
房源	（名）	fángyuán	12	the source of house	住宅供給元	주택공급원
放假		fàng jià	1	to take a holiday	休む、休暇をとる	휴가로 쉬다. 방학하다
放心		fàng xīn	3	feel safe; be at ease; don't worry	安心する、心配しない	마음을 놓다. 안심하다
费脑筋		fèi nǎojīn	14	reck one' brain	気を使う、頭を使う	마음을 쓰다
费用	（名）	fèiyòng	11	expenses	費用	비용
分别	（副）	fēnbié	11	respectively	それぞれ	분별히
分公司	（名）	fēngōngsī	9	subsidiary company; branch company	支社	지사
分配	（动）	fēnpèi	1	to assign; to allot	配る、分ける	분배(하다). 배급(하다). 할당(하다). 배속(하다)
份	（量）	fèn	10	a share	一人前、一組、一部	묶, 세트
风风光光		fēngfēng-guāngguāng	13	luxurious; fantastic	見栄をはって立派なことをする趣	굉장하다 어마어마하다
风情	（名）	fēngqíng	12	local conditions and customs		풍토와 인정, 풍치. 운치
风土人情		fēngtǔrénqíng	15	local customs and practices	風土を人情	풍토인정
风险	（名）	fēngxiǎn	2	risk	リスク	벤처. 위험
疯狂	（形）	fēngkuáng	7	crazy	気が狂っていること	미치다, 실성하다
逢	（动）	féng	13	meet	…の際に	만나다, 마주치다
否则	（连）	fǒuzé	2	otherwise	さもないと、さもなくば、でないと	그렇지 않으면
服装	（名）	fúzhuāng	11	clothing; costume	服装	옷차림, 복장
符合	（动）	fúhé	4	to accord with	合う、似合う	부합하다, 맞다, 일치하다

| 负担 | （名） | fùdān | 12 | burden | 負担 | 부담 |
| 负责 | （动） | fùzé | 1 | with responsibility for | 責任を負う | 책임이 있다. 책임을 지다 |

G

改善	（动）	gǎishàn	5	to improve	改善する	개선시키다
干脆	（副）	gāncuì	12	simply	さっぱり、てきぱき、あっさり	깨끗하게, 차라리, 시원스럽게
感觉	（动）	gǎnjué	2	to feel; to become aware of	…のような気がする、…と思う	느끼다. 여기다
高档	（形）	gāodàng	6	high-grade; superior quality	高級だ	고급의, 상등의
高见	（名）	gāojiàn	6	someone's brilliant idea or opinion	ご意見、お考え	고견
高科技园区		gāokējì yuánqū	8	high tech par	ハイテク産業区	고과학기술산업구
搞	（动）	gǎo	7	to do	する、やる	하다, 해치우다
个人	（形）	gèrén	1	to be individual	個人的だ	개인
个性化	（形）	gèxìnghuà	6	individualization	個性的だ	객성화
各	（代）	gè	9	each	おのおの	각
各有所得		gèyǒusuǒdé	7	each has his own benefit	おのおの所得がある	저마다 얻는 바가 있다
根据	（名）	gēnjù	4	on the basis of	根拠	근거하다, 의거하다, 따르다
跟风		gēn fēn	12	follow suit	きたてられる、流行を求める	시대 조류를 따르다
工资	（名）	gōngzī	4	salary	給料	임금
公布	（动）	gōngbù	12	publish	公布する	공포하다
公道	（形）	gōngdào	14	justice	公平的だ	공평하다, 공정하다, 합리적이다
公害	（形）	gōnghài	13	environmental pollution	公害	공해적
公平	（形）	gōngpíng	11	fair	公平だ	공평하다
公认	（形）	gōngrèn	9	generally acknowledge	公認する、認められる	공인하다
公正	（形）	gōngzhèng	9	impartial; fair	公正だ	공정하다. 공평하다
功夫	（名）	gōngfu	7	to put more effort	功夫	노력, 재주, 솜씨
供求	（动）	gōngqiú	12	demand and supply	供給と需要	공급과 수요
共同	（形）	gòngtóng	14	common; mutual	共通だ	공동의
贡献	（名）	gòngxiàn	13	contribution	貢献	공헌
购物		gòu wù	7	do shopping	ショーピング	쇼핑하다

词汇总表
189

鼓	（名）gǔ	10	drum	太鼓	북
鼓励	（动）gǔlì	2	to encourage	励む	격려하다. 북돋우다
固定	（形）gùdìng	12	fixed	固定的だ	고정하다
顾客群	（名）gùkèqún	5	people who buy or requests service; customers	顧客	고객군
顾名思义	gùmíngsīyì	15	as the term suggests	名称を見てその実質を判断する	이름을 보고 그 뜻을 생각하다
怪不得	（副）guàibudé	13	no wonder	道理で、…するものも道理はない、…するのもそのはずだ	과연, 그러기에, 어쩐지
关键	（名）guānjiàn	8	crucial parto	キーポイント	관건
关税	（名）guānshuì	9	tariff	関税	관세
关系	（名）guānxi	2	relation; connection	関係	관계
观念	（名）guānniàn	11	concept	観念	관념
广阔	（形）guǎngkuò	14	wide; capacious	広い	넓다, 광활하다
鬼	（名）guǐ	3	ghost	鬼	귀신
国情	（名）guóqíng	4	national conditions	国情	국정, 나라의 정세, 나라의 형편
过程	（名）guòchéng	3	process	プロセス	과정
过分	（形）guòfèn	10	excessive; too much	もったいない、贅沢だ、分にすぎる	지나치다. 분에 넘치다. 과분하다

H

行情	（名）hángqíng	9	quotations of the market	相場	시세, 시장 가격
行业	（名）hángyè	3	a sector of industry; commerce	業界	업무. 일거리. 직업
合	（动）hé	5	suit	合う	맞다
合理	（形）hélǐ	13	reasonable	合理的だ	합리적
合同	（名）hétong	2	contract	契約書、契約	계약서
合作	（动）hézuò	1	to cooperate	協力する	합작하다
和煦	（形）héxù	15	pleasantly warm	暖かい、のどかだ	(날씨 등이)훈훈하다, 온화하다, 따사롭다
猴年马月	hóunián-mǎyuè	3	God knows how long.	期待を寄せることができないこと	어느해 어느달. 언제쯤이나; 근거가 없는 일. 절대 있을 수 없는 일
后悔	（动）hòuhuǐ	7	to regret	後悔する	후회하다
忽视	（动）hūshì	5	look down upon; belittle	見下げる	얕보다
胡同	（名）hútòng	5	alley	路地	골목

糊涂	（形）	hútu	4	confused	わけのわからない	우둔하다, 어리석다
滑冰		huá bīng	15	skating	スケート	스케이트를 하다
滑雪		huá xuě	15	skiing	スキー	스키하다
化妆品	（名）	huàzhuāngpǐn	13	cosmetics	化粧品	화장품
划款		huà kuǎn	15	transfer the money to sb. account	振り込む	돈을 지출하다, 돈을 다른 구좌로 이체하다(넘기다)
话题	（名）	huàtí	9	subject of a talk	話題	화제
怀疑	（动）	huáiyí	7	to doubt	疑う	의심하다
环保	（形）	huánbǎo	14	environmental protection	環境保護	환경보호
环节	（名）	huánjié	15	link	関節、一環、物事の重要な部分	환절, 일원
环境	（名）	huánjìng	4	environment	環境	환경
回访	（动）	huífǎng	15	pay a return visit	答礼訪問	답방하다
汇报	（动）	huìbào	6	to summarize information and data to report to one's superior or the public	報告する	종합 보고하다
婚礼	（名）	hūnlǐ	13	wedding	結婚式	혼례
活	（动）	huó	3	to live	生きる	살다. 생존하다. 생활하다
火	（形）	huǒ	5	prosperous	人気がある	치열하다, 번창하다
货比三家		huòbǐsānjiā	13	compare the prices and quality of a good from different producer	値段比べ	각 상점의 값을 비교한 후 물건을 사다

J

机构	（名）	jīgòu	14	mechanism	機構、組織	지관, 조직
积极	（形）	jījí	1	to be active; to be positive	進んだ、積極的だ	적극적이다. 열성적이다
基本	（形）	jīběn	6	main; essential	基本的だ	기본적, 근본적
基础	（名）	jīchǔ	5	basis; basic	基礎	기초, 기반
基地	（名）	jīdì	14	base	基地	기지
激烈	（形）	jīliè	5	(of move ment, language) intense	激しい	치열하다
集中	（动）	jízhōng	9	to concentrate	集まる、集中する	모이다, 집중하다
计算	（动）	jìsuàn	6	to calculate; count	数える	계산하다
技巧	（名）	jìqiǎo	10	skills	技能	기교

词汇总表

加班		jiā bān	2	work an overtime shift	残業する	근무 시간 외에 일을 하다. 잔업하다
家具	（名）	jiājù	12	furniture	家具	가구, 세간
价位	（名）	jiàwèi	8	price	値段	값의 등급
价值	（名）	jiàzhí	7	value	価値	가치, 값
坚持	（动）	jiānchí	3	to stick to	堅持する、あくまで頑張る	견지하다. 끝까지 버티다
兼职	（形）	jiānzhí	4	part-time job	兼職	겸직
监督	（动）	jiāndū	3	to supervise	監督する	감독하다
检查	（动）	jiǎnchá	3	to examine; to inspect	検査する	검사하다. 점검하다. 조사하다
减肥		jiǎn féi	3	to loose fat	ダイエット	체중을 줄이다. 다이어트하다
减少	（动）	jiǎnshǎo	2	to decrease	下がる、減少する	감소하다. 줄(이)다
简单	（形）	jiǎndān	10	simple	簡単だ	간단하다
简历	（名）	jiǎnlì	4	resume	履歴書、略歴	이력
建立	（动）	jiànlì	2	to set up; to bulid	樹立する、建てる	건립하다
建议	（名）	jiànyì	10	sugtgestion	アドバイス	건의하다
健身		jiàn shēn	13	keep fit	ジムを通って運をする	몸을 튼튼히(건강하게)하다
降低	（动）	jiàngdī	15	cut down	下げる	낮추다
降价		jiàng jià	7	cut price	値下げ	값이(값을) 내리다, 가격을 인하하다
交流	（动）	jiāoliú	1	to communicate	交流する	교류(하다)
交易	（名）	jiāoyì	8	trade	交易、引き取り	거래
角度	（名）	jiǎodù	6	point of view	角度	각도
接二连三		jiē'èrliánsān	14	one after another	次から次へと、引き続いて、立て続けに	끊임없이(잇따라) 연속하게
接受	（动）	jiēshòu	2	to accept	受け入れる	받아들이다. 수락하다
接着	（连）	jiēzhe	6	in succession	続いて	이어서
节油		jié yóu	14	preserve	省エネルギー	기름을 절약하다
结构	（名）	jiégòu	11	structure	構成、構造	구성, 구조
结果	（名）	jiéguǒ	4	result	結果	결실, 결과
结合	（动）	jiéhé	5	to combine	組み合わせる	결합하다

结论	（名）	jiélùn	7	final conclusion	結論	결론(을 내리다), 결말(짓다)
解释	（动）	jiěshì	2	to explain	説明する、言い訳をする	해석하다
金融	（名）	jīnróng	11	finance	金融	금융
紧凑	（形）	jǐncòu	15	compact	隙がない、きちんと整っている	치밀하다, 빈틈없이 짜이다
进口	（形）	jìnkǒu	9	to import	輸入	수입
进修	（动）	jìnxiū	12	make an advanced study	研修する	연수하다
经商		jīng shāng	2	to do business	ビジネスをやる、商売する	장사하다
经销商	（名）	jīngxiāoshāng	14	dealer	ディーラー	판매상인
经营	（动）	jīngyíng	2	to manage	営む	경영하다
惊险	（形）	jīngxiǎn	15	thrilling	スリラー	아슬아슬하다
精	（形）	jīng	7	know a trick or two	抜け目がない	지혜롭다
精美	（形）	jīngměi	13	exquisite	精巧で美しい、精美だ	정미하다
精明	（形）	jīngmíng	13	smart	物事に細心で頭が切れる、頭がいい、機転の利く	똑똑하다, 총명하다
景点	（名）	jǐngdiǎn	5	scenic spot	観光地	명소. 경승지
净	（副）	jìng	7	all	もっぱら、だけ	깨끗하다, 청결하다; 순수하다
竞争	（动）	jìngzhēng	5	to compete; competition	競り合う	경쟁하다
就业		jiù yè	9	employment	就職	취직
巨头	（名）	jùtóu	13	magnate	ボス、かしら	거두, 우두머리
具体	（形）	jùtǐ	10	concrete; specific	具体的だ	구체적, 세부적
聚	（动）	jù	5	to get together	集める	모으다
绝对	（副）	juéduì	12	absolute	絶対的だ	절대로, 반드시

K

| 开发 | （动） | kāifā | 8 | to develop; develop technology for constructive purpses | 開発する | 개발하다 |
| 开设 | （动） | kāishè | 9 | to set up; open | 設立する、開く | 설립하다. 차리다, 개설하다 |

开拓	（动） kāituò	11	open up	開拓する	개척하다
开支	（名） kāizhī	14	expanse	支出	지출, 비용
看重	（动） kànzhòng	6	to emphasize	重視する	중시하다
科研单位	kēyán dānwèi	8	scientific institute	研究機関	과학연구기관
可靠	（形） kěkào	8	reliable	信頼できる	믿을 만 하다, 믿음직하다
可能性	（名） kěnéngxìng	2	possibility	可能性	가능성
可怕	（形） kěpà	9	fearful	怖い	무섭다, 두렵다
可谓	（动） kěwèi	14	it may be said	いわゆる	~라고 말할 수 있
可行性	（名） kěxíngxìng	10	feasibility	可能性	가능성
空间	（名） kōngjiān	12	space	空間	공간
控制	（动） kòngzhì	11	control	コントロールする	제어하다, 콘트롤하다
口味	（名） kǒuwèi	5	one's taste	味	입맛
跨国公司	kuàguó gōngsī	2	multinational corporation	多国籍企業	다국적 기업
宽带	（名） kuāndài	12	bond	ブロードバンド	브로드밴드
款	（名） kuǎn	9	style	様式、スタイル	양식
亏本	kuī běn	7	to lose one's capital	元手を擦る、資金に食い込む	본전을 까먹다, 결손나다, 적자를 내다

L

拉动	（动） lādòng	12	draw; stim	牽引する	적극적으로 이끌다(촉진하다)
来源	（名） láiyuán	10	source	源	내원, 원천
浪费	（动） làngfèi	1	to waste	費やす	낭비하다
劳动力	（名） láodònglì	9	laborer	労働力	노동력
乐观	（形） lèguān	4	optimistic	楽観	낙관(하다)
理儿	（名） lǐr	6	reason	道理	도리
理性	（名） lǐxìng	14	rational	理性	이성
理由	（名） lǐyóu	1	reason; excuse	理由	원인, 이유
理智	（名） lǐzhì	7	intellectual ability to tell right from wrong	理性	이지(적이다), 이성(적이다)
力气	（名） lìqi	5	physical strength; effort	力	힘, 체력
厉害	（形） lìhai	1	severe; terrible	すごい	사납다. 무섭다
利润	（名） lìrùn	3	profit	利潤、利益	이윤
利益	（名） lìyì	9	benefit; interest	利益	이익

利用	（动）	lìyòng	5	to use; utilize	利用する、使う	이용하다
连续	（形）	liánxù	7	continuously	連続	연속하다, 계속하다
廉价	（形）	liánjià	9	cheap	安い	헐값이다. 저렴하다
良好	（形）	liánghǎo	6	good	良い	양호하다, 좋다
粮食	（名）	liángshi	11	grain	食糧	양식, 식량
聊天儿		liáo tiānr	2	to chat	雑談する、四方山話をする	이야기를 나누다
了解	（动）	liǎojiě	2	to understand	分かる、知る	요해하다
邻居	（名）	línjū	12	neighbour	近所（の人）	이웃, 이웃집; 이웃사람
灵活	（形）	línghuó	5	flexible	フレキシブル	민첩하다. 재빠르다. 원활하다
零件	（名）	língjiàn	9	part	部品	부품, 부속품
领略	（动）	lǐnglüè	15	experience	初めて知る、味わう	(감성적으로)이해하다, 깨닫다
领域	（名）	lǐngyù	9	field	領域、分野	영역
流动	（动）	liúdòng	9	flow; going from place to place	流動する	옮겨다니다. 유동하다
流失	（动）	liúshī	9	to leave the locality or unit	流失する、流されてなくなる	유실하다
流行	（形）	liúxíng	9	popular; prevaine	はやっている、流行する	유행하다
录取	（动）	lùqǔ	4	to recruit	採用する	채용하다, 고용하다, 뽑다
逻辑	（名）	luóji	3	logic	ロジック	논리. 로직
落后	（形）	luòhòu	4	remain at a undeveloped stagel	遅れる	낙오하다, 뒤떨어지다

M

满意	（形）	mǎnyì	5	be satisfied with	満足だ	만족하다
满足	（动）	mǎnzú	12	satisfy	満足する	만족시키다
芒果	（名）	mángguǒ	15	mango	マンゴー	망고; 망고 열매
盲目	（副）	mángmù	14	blind	盲目的に、目標なしに	맹목하게
矛盾	（名）	máodùn	14	contradiction	矛盾	모순
贸易	（名）	màoyì	4	trade	貿易	무역
媒体	（名）	méitǐ	6	media	メディア	미디어, 매개, 매체

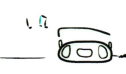

美发		měi fà	13	hair dressing	理髪	이발하다
美金	(名)	měijīn	6	dollar	米ドル	미국 달러
美容		měi róng	13	beauty treatment	美容	미용하다
美食城	(名)	měishíchéng	13	delicious food city	フードホール	미식 식당
美中不足		měizhōngbùzú	5	blemish an otherwise perfect thing	玉に瑕、不十分なところ	옥에도 티가 있다
秘密	(名)	mìmì	3	secret	秘密、内緒	비밀
面对面		miàn duì miàn	10	face to face	面と向って、差し向かいで	얼굴을 맞대다. 대면하다
面积	(名)	miànjī	8	area	面積	면적
面临	(动)	miànlín	2	to face	直面する	직면하다. 당면하다. 눈앞에 닥치다. 앞에 놓여 있다
面试	(名)	miànshì	4	interview	面接	면접 시험
名牌	(名)	míngpái	7	famous brand	ブランド	유명하다, 저명하다
明确	(形)	míngquè	1	to be clear; definite	明確だ、はっきりと	명확하다
明显	(形)	míngxiǎn	2	obvious	明らかだ、はっきりしている	뚜렷하다. 분명하다. 확실하다
摩托车	(名)	mótuōchē	14	motorbike	モートカー	오토바이

N

耐心	(形)	nàixīn	9	to be patient	辛抱強いこと、根気がいいこと	참을성이 있다. 인내성이 있다
耐用	(形)	nàiyòng	14	durable	（ものが）丈夫だ、ものもちがよい	질기다, 마디다, 오래가다
难题	(名)	nántí	4	problem; knotty point tough one	難問	난제, 곤란한(힘든) 문제
难为情	(形)	nánwéiqíng	2	to feel shame	恥ずかしい	부끄럽다. 겸연쩍다. 수줍다. 난처(난감)하다. 딱하다
内部	(名)	nèibù	2	inside	内部、うちの部分	내부
能干	(形)	nénggàn	1	to be capable	有力だ	유능하다. 재능있다. 뛰어나다
能力	(名)	nénglì	1	ability	能力	능력

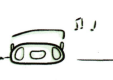

努力	(形)	nǔlì	1	to work hard	力を入れる、一所懸命だ	노력하다. 힘쓰다

P

牌子	(名)	páizi	8	brand	銘柄	상표
泡沫	(名)	pàomò	12	foam	ブーム	포말, (물)거품
培训	(名)	péixùn	2	training	トレーニング	훈련, 양성하다
赔	(动)	péi	7	to make a loss in business	賠償する、損をする	배상하다, 변상하다
赔本		péi běn	15	run business at a loss	元手を割る	손해를 보다
佩服	(动)	pèifu	5	to think highly of; revere	感心する	탄복하다. 감탄하다
碰	(动)	pèng	10	to bump; to touch	ぶつかる、出会う、当たってみる	부딪치다, 대다
品牌	(名)	pǐnpái	3	brand	銘柄 ブランド	브랜드, 상표
品种	(名)	pǐnzhǒng	8	variety	種類	품종, 제품의 종류
平衡	(名)	pínghéng	11	balance	バランス	평형, 균형
评价	(动)	píngjià	7	to appraise	評価	평가(하다)
破裂	(动)	pòliè	12	break	崩壊する	파열되다, 깨져(터져) 갈라지다

Q

期待	(动)	qīdài	14	expect	期待	기대하다
期望	(名)	qīwàng	4	exception; expect	希望する	기대(하다)
企业	(名)	qǐyè	2	corporation	企業	기업
启事	(名)	qǐshì	12	notice	あることを公に知らせるために新聞または掲示板に掲げる文書	광고, 공고
气氛	(名)	qìfēn	5	atmosphere	雰囲気	분위기
契机	(名)	qìjī	13	opportunity	機会、きっかけ	계기
潜力	(名)	qiánlì	11	potentiality	潜在力	잠재력
潜水		qián shuǐ	15	dive	潜水、ダイビング	잠수하다
潜在	(形)	qiánzài	14	latent	潜在的だ	잠재적

强劲	（形）	qiángjìn	14	powerful	力強い	강하다, 세차다
强制性	（形）	qiángzhìxìng	15	mandatory	強制性	강제성
亲自	（副）	qīnzì	7	personally; in person	自ら	몸소, 친히, 직접
轻轨	（名）	qīngguǐ	14	light railway	近郊鉄道、市内鉄道	시내 철도
清醒	（形）	qīngxǐng	7	clearheaded	目覚ましている	명백하다, 뚜렷하다
情况	（名）	qíngkuàng	2	situation	状況、情勢	상황
请教	（动）	qǐngjiào	11	ask for so	教えてもらう	지도를 바라다
秋高气爽		qiūgāo-qìshuǎng	13	clear and crisp autumn climate	秋空が高く、空気がすがすがしい	가을 하늘은 높고 공기는 맑다
求职		qiú zhí	4	look for a job	求職	구직하다
区	（名）	qū	5	area; region	区	구
取胜		qǔ shèng	7	win a victory	勝ち取る	승리하다, 이기다
全程	（名）	quánchéng	15	whole course	前コース	전체의 노정, 전 코스
全面	（形）	quánmiàn	7	comprehensive	全体	전면(적이다)
全球化	（动）	quánqiúhuà	2	globalization	グローバル化する	세계화시키다
全职	（形）	quánzhí	4	full-time job	本職	전직
权利	（名）	quánlì	14	right	権利	권리
权益	（名）	quányì	3	rights and interests	権益	권익. 권리와 이익
缺	（动）	quē	6	lack; to be short of	欠く	모자라다, 결석하다
缺点	（名）	quēdiǎn	1	disadvantage; shortcoming	欠点	결점. 결함. 부족한 점. 단점
缺一不可		quēyībùkě	5		一つも欠かせない	나라도 부족해서는 (없어서는) 안 된다
确认	（动）	quèrèn	15	confirm	確認する	확인하다
确实	（副）	quèshí	2	indeed; really	確かに、間違いなく	확실히
群体	（名）	qúntǐ	14	group	グループ	군체, 집합체

R

| 嚷 | （动） | rǎng | 14 | shout | 大声で叫ぶ | 큰 소리로 부르다, 고함치다, 떠들다 |
| 绕圈子 | | rào quānzi | 4 | to take a circuitous route; beat about the bush | 回り道をする、遠い回しにものを言う | 에둘러 말하다, 길을 빙빙 돌아가다 |

热门	（名）	rèmén	2	popular	ホットポイント	인기있는 것. 유행하는 것. 잘 팔리는 것
热情	（形）	rèqíng	13	warmhearted; earnest	熱情的だ、親切だ	열정적
人才	（名）	réncái	2	a talented pers on	人材	인재
人山人海		rénshānrénhǎi	7	ocean of people	人の波	인산인해
人事管理		rénshì guǎnlǐ	8	personnel management	人事管理	인사관리
人性	（名）	rénxìng	7	human nature	人間性	인간성
认输		rèn shū	10	to admit defeat; to give up	敗北を認める、手を上げる	패배를 시인하다
日益	（副）	rìyì	12	day by day	日増しに	날로, 나날이
入乡随俗		rùxiāngsuísú	2	While in rome , do as rome does.	郷に入れば郷に従う	현지의 풍속에 따라 하다
弱点	（名）	ruòdiǎn	7	weak point	弱み、弱点	약점, 허점

S

善于	（动）	shànyú	1	to be good at	に得意だ	~에 능숙하다. ~를 잘하다
商机	（名）	shāngjī	14	business opportunity	ビジネスチャンス	무역 기회
商务	（名）	shāngwù	9	business affairs	ビジネス	상무
上升	（动）	shàngshēng	12	go up; rise	上昇する	상승하다, 올라가다
上调	（动）	shàngtiáo	15	up-regulate	上方調整	가격을 올리다, 상급 단위로 (사람이) 전근되다
上涨	（动）	shàngzhǎng	12	increase	上昇する、上がる	(수위나 물가가) 오르다
奢侈	（形）	shēchǐ	14	luxurious	贅沢だ	사치하다
设立	（动）	shèlì	8	to set up	成立する	설립하다
设施	（名）	shèshī	5	facilities	施設	시설
社会	（名）	shèhuì	6	society	社会	사회
申请	（动）	shēnqǐng	11	apply for something	申し入れる	신청하다
升值	（动）	shēngzhí	12	rise value	値上げ	평가 절상(하다)
生物技术		shēngwù jìshù	8	biotechnology	バイオ技術	생물기술

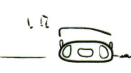

生意	（名）	shēngyi	2	business	ビジネス	비지니스
省心	（形）	shěngxīn	1	to save worry	気楽だ、気にかけなくてもいい	걱정을 덜다. 시름을 놓다
失败	（动）	shībài	4	to fail; to lose	失敗	패배(하다), 실패(하다)
失去	（动）	shīqù	9	to lose	失う	잃다. 잃어 버리다
失业者	（名）	shīyèzhě	11	unemployed people	失業者	실업자
实惠	（名）	shíhuì	6	real benefit	実際の利益	실리, 실제의 이익, 실익
实际	（形）	shíjì	9	practical	実際的だ	실제적이다. 현실적이다
实力	（名）	shílì	14	actual strength	実力	실력
世界	（名）	shìjiè	9	world	世界	세계
世贸	（名）	shìmào	9	World Trade Organization	世界貿易機関	세계 무역 기구
适应	（动）	shìyìng	2	to adapt; to get used to	慣れる	적응하다
收	（动）	shōu	10	to collect; to get back	受ける	회수하다, 받다
收集	（动）	shōují	10	to collect	集める	수집하다
受	（动）	shòu	6	to receive; accept	受ける、…られる	받다; 참다, 견디다
受益者	（名）	shòuyìzhě	9	people who receive the benefits	権益者	이익을 얻은 사람, 수익자
售后		shòuhòu	14	after sales	アフターサービス	판매후
舒适	（形）	shūshì	14	comfort	心地よい、快適である	편하다
熟悉	（形）	shúxī	4	know something well	…に明るい、…をよく知る	숙지하다, 익히 알다, 충분히 알다
薯条	（名）	shǔtiáo	3	french fry	フライポテト	많은 기름에 감자가 튀김
数据	（名）	shùjù	10	data	データ	데이터. 통계 수치
数量	（名）	shùliàng	6	quantity	数量	수량, 양
数码相机		shùmǎ xiàngjī	13	digital camera	デジタルカメラ	디지터 카메라
刷卡		shuā kǎ	13	brush card	ョッピング	신용카드로 구매하다
双赢	（形）	shuāngyíng	6	win-win	共勝つ	윈윈(win-win), 상생

税收	（名）	shuìshōu	8	tax; revenue	税収	세수
顺便	（副）	shùnbiàn	7	on the way	…ついでに	~하는 김에
顺利	（形）	shùnlì	4	smooth; successful	順調	순조롭다
说服力	（名）	shuōfúlì	6	persuasion	説得力	설득력
硕士	（名）	shuòshì	8	master's degree	マスター	석사
私车	（名）	sīchē	11	private car	マイカー	자가용차
私人	（形）	sīrén	11	private	私的だ	개인적
四通八达		sìtōngbādá	14	lead in all-direction	至便だ	사통팔달하다
素质	（名）	sùzhì	9	educational level (of workers) quality	質素	소양. 자질
速度	（名）	sùdù	3	speed	速度、スピード	속도
算	（动）	suàn	11	calculate	数える	계산(하다), 셈(하다)
算了		suànle	1	let it be; let it pass	もうよそう	그만두다
虽然	（连）	suīrán	6	though	とはいえ、といえど	그러나, 그렇지만
随意	（动）	suíyì	15	do something at will	したいほうだいのことをする、ほしいままにふるまう、思う存分	뜻대로 하다. 생각(마음)대로 하다
损失	（名）	sǔnshī	3	the loss	損、損失	손실, 손해
缩水		suō shuǐ	15	shrink	（繊維なのが）水の濡れるを縮むこと	물에 줄어 들다, 위축하다
所谓	（动）	suǒwèi	5	so-named	いわるゆ	~란. 소위. 이른 바

T

态度	（名）	tàidù	1	attitude	態度、姿勢	태도. 몸짓. 거동
贪图	（动）	tāntú	14	seek	貪る、（利益を）狙うこと	욕심부리다, 탐내다
谈	（动）	tán	1	to talk to	話す	말하다. 이야기하다
讨价还价		tǎojiàhuánjià	13	bargain	値段を掛け合う、駆け引きをする	흥정하다; 다양한 조건을 내걸고 옴니암니 따지다
特长	（名）	tècháng	1	one's strong suit	特長、長所	특색. (특히 뛰어난) 장점

特有	（形）tèyǒu	12	distinctive; unique	特有的だ	특유하다
提	（动）tí	11	mention	言及する	언급하다
提高	（动）tígāo	7	to improve	向上させる、引き上げ	제고하다, 높이다
提升	（动）tíshēng	4	to promote	昇進	진급시키다(하다)
提醒	（动）tíxǐng	4	to remind	注意する	일깨우다, 깨우치다, 주의를 주다
提意见	tí yìjiàn	2	to advise; to make remarks	意見を出す	의견을 제출하다. 제의하다. 제기하다
体验	（动）tǐyàn	7	to learn through practice	体験	체험(하다)
添置	（动）tiānzhì	14	purchase	買い入れる、増やす	추가 구입하다
填写	（动）tiánxiě	10	to fill in; to fill out	書き込む、書き入れる	써넣다. 기입하다
调整	（动）tiáozhěng	11	adjust; regulate	調整	조정하다
条件	（名）tiáojiàn	6	requirement	条件	조건
挑战	（名）tiǎozhàn	2	challenge	チャレンジ	도전
帖子	（名）tiězi	12	a piece of information one puts on the web	招待状	쪽지, 메모지, 문서
听众	（名）tīngzhòng	6	audience	聴衆、聞き手	청취자, 애청자
通信	（名）tōngxìn	9	communications	コミュニケーション，通信	통신
同感	（名）tónggǎn	3	same feeling	同感	동감. 공감
同情	（动）tóngqíng	1	to sympathize with	同情する	동정하다
头脑	（名）tóunǎo	5	brains; mind	脳	두뇌
投入	（动）tóurù	8	to put int	投入する	투입하다
投诉	（动）tóusù	15	complain	不満を訴える	고소하다, 소송하다
投资	tóu zī	5	to invest	資金を投入する、資本を投下する	투자하다
透	（形）tòu	7	thoroughly	通る徹底する、漏らす	스며들다, 침투하다, 뚫다, 통하다
图	（动）tú	7	to seek for	図る	시도하다
途径	（名）tújìng	12	channel	ルート、手段	경로. 절차. 순서
土特产	（名）tǔtèchǎn	15	local specialty	お土産	지방 특산물, 토산품

团队	（名）	tuánduì	1	team	チーム	단체. 집체. 대오
推荐	（动）	tuījiàn	15	recommend	推薦	추천하다
退货		tuì huò	7	to refund	商品を返却する	반품하다

W

完成	（动）	wánchéng	2	to accomplish; to finish	完成する、済む、終わる	완성하다. (예정대로) 끝내다. 완수하다
玩笑	（名）	wánxiào	1	joke	冗談	농담
玩意	（名）	wányìr	15	thing	おもちゃ、(軽くけなした意味で) もの、ことがら	거리, 물품
网络	（名）	wǎngluò	10	internet	インターネット	네이터
网站	（名）	wǎngzhàn	12	web station	サイト	사이트
旺季	（名）	wàngjì	15	peak season	活況を呈する時節、で盛りのとき、書き入れ時	(거래 따위가) 한창일 때
围绕	（动）	wéirào	15	round	めぐる	둘러싸다, 주위를 돌다
唯一	（形）	wéiyī	7	only one	唯一	유일한, 하나밖에 없는
卫生	（名）	wèishēng	3	sanitation	衛生	위생
卫生间	（名）	wèishēngjiān	12	toilet	トイレ	화장실
位置	（名）	wèizhi	5	place; location	位置、場所	위치
稳定	（形）	wěndìng	6	stable	安定だ	안정하다
无限	（形）	wúxiàn	14	infinite	無限だ、限りがない、きりがない、果てしがない	무한하다
无照经营		wúzhào jīngyíng	13	do business without license	免許なき経営	무면허(무허가)(이다)
误会	（名）	wùhuì	2	misunderstanding	誤解、思い間違い	오해

X

| 吸引 | （动） | xīyǐn | 2 | to attract | 集める | 흡인하다, 끌어당기다 |

词汇总表

吸引力	（名） xīyǐnlì	5	force to attract an object; power of	魅力、引力	흡인력
喜人	（形） xǐrén	13	delightful	喜ばれる	만족스럽게 하다. 흡족하게 하다
下跌	（动） xiàdiē	12	come down; decrease	（相場などが）下落する	하락하다, 떨어지다
下降	（动） xiàjiàng	11	descend	下がる、下降する	낮아지다, 하강하다
下调	（动） xiàtiáo	14	cut down	下方修正	(가격을) 하향(인하) 조정(조절)하다
下载	（动） xiàzǎi	8	to download	ドンロード	다운로드하다
闲	（形） xián	11	be free	手がすいている，仕事がない	한가하다
嫌	（动） xián	8	dislike	嫌う	싫어하다. 역겨워하다. 꺼리다
现成	（形） xiànchéng	10	ready-made	出来合い、規制の、レディメート	마침 그 자리에 있다. 이미 갖추어져 있다
陷阱	（名） xiànjǐng	15	trap	落とし穴	함정, 흉계
相反	（形） xiāngfǎn	1	on the contrary	相反する、対立する、逆である	상반되다. 반대되다
相关	（动） xiāngguān	3	to be interrelated	関連する	관련되다. 관계하다
相信	（动） xiāngxìn	1	to believe	信じる	믿다. 신임하다
享受	（动） xiǎngshòu	8	to enjoy	エンジョイする	누리다
想像	（动） xiǎngxiàng	4	to imagine	想像	상상하다
消费者	（名） xiāofèizhě	3	consumer	消費者	소비자
销售额	（名） xiāoshòu'é	13	sales amount	売上高	판매액
小商小贩	xiāoshāng xiǎofànàn	13	pedlar	小商人	장사꾼
小摊	（名） xiǎotān	13	stall	露店	작은 노점
小心	（形） xiǎoxīn	3	be careful of	注意する、気をつける、用心する	조심하다. 조심스럽다. 주의 깊다. 세심하다
效果	（名） xiàoguǒ	5	effect	効果	효과

效率	（名）xiàolǜ	1	to be efficiency	効率、能率	효율. 능율
协会	（名）xiéhuì	15	association	協会	협회
心理	（名）xīnlǐ	7	thoughts; emotions	心理	심리
心态	（名）xīntài	14	attitude	心理、態度	심리, 태도
心意	（名）xīnyì	15	regard; concern	気持ち	마음, 성의
新材料	xīn cáiliào	8	new material	新しい材料	신재료
信任	（名）xìnrèn	1	belief	信頼	신임
信息	（名）xìnxī	3	information	情報、インフォメーション	정보
信息技术	xìnxī jìshù	8	information technology	IT 技術	it 기술
兴旺	（形）xīngwàng	12	prosperous	盛んだ、隆盛だ	번창하다, 왕성하다, 흥성하다
行程	（名）xíngchéng	15	itinerary	行程、道のり	노정, 여정, 도정, 행정
行为	（名）xíngwéi	15	action	行為	행위
型号	（名）xínghào	8	model	規格	사이즈
性价比	（名）xìngjiàbǐ	8	cost performance	コストパフォーマンス	성능과 가격간의 비율
修改	（动）xiūgǎi	1	to amend; to revise	直す、加筆する	바로잡아 수정하다. (문장, 계획을) 개정하다
需求	（名）xūqiú	6	requirement; demand	要求、請求	수요, 필요, 요구
需求量	（名）xūqiúliàng	14	demand	需要量	수요량
选择	（动）xuǎnzé	3	choose; choice	選択	선택하다
雪雕	（名）xuědiāo	15	snow engraving	雪で作られた彫刻	눈조각

Y

严格	（形）yángé	3	strict; rigid	厳しい	엄하다, 엄격하다
研发中心	yánfā zhōngxīn	8	development center	研究センター	연구개발중심
眼前	（名）yǎnqián	2	at the moment; at present	目下	눈앞.현재
要求	（名）yāoqiú	4	requirement	要求	요구(하다), 요망(하다)
要是	（连）yàoshi	7	if	もし…ば、もし…なら	만일 ~이라면, 만약 ~하면
椰子	（名）yēzi	15	coconut palm	椰子	야자수; 야자나무 열매
夜	（名）yè	1	night	夜	밤, 밤중

一体化	（名）	yìtǐhuà	9	integration	一体化、一体される	일체화
一言难尽		yìyánnánjìn	4	difficult to explain in a sentence/It is a long story.	とてもいい難い、一言では言い尽くせない	한 마디 말로 다 설명할 수는 없다
依靠	（动）	yīkào	7	to rely on	たよる	의지하다, 기대다, 의뢰하다
以为	（动）	yǐwéi	1	to think; consider	思う	생각하다, 여기다
亿	（名）	yì	6	a hundred million	億	억
意见	（名）	yìjiàn	4	opinion	意見	의견, 반대
意识	（名）	yìshí	3	consciousness	意識	의식
意味	（动）	yìwèi	14	mean	意味、意味合い	의미하다
因素	（名）	yīnsù	5	factor	要素	요소
饮食	（名）	yǐnshí	11	food and drink	飲食	음식
应有尽有		yīngyǒujìnyǒu	7	have everything that one could wish for	あるべきものは何でもある	있어야 할 것은 전부 다 있다, 매우 잘 갖추어져 있다
应付	（动）	yìngfù	2	to deal; to cope with	処理する、対処する、適当にごま	대응하다, 대처하다
应聘	（动）	yìngpìn	4	accept an offer of employment	募集に応じる	초빙에 응하다
营销	（名）	yíngxiāo	7	marketing	マーケティング—	경영하고 매출하다, 마키팅
影响	（动）	yǐngxiǎng	2	to influence	影響を及ぼす	영향을 주다
拥堵	（形）	yōngdǔ	14	traffic congestion	渋滞的だ	틀어 막다, 가로 막다
拥挤	（形）	yōngjǐ	14	crowded	（多くの人が）押し合う、押し合いへしあいする、込み合う	한데 모이다, 붐비다
优惠	（名）	yōuhuì	5	preferential; preferential treatment	特恵、優遇	특혜
优势	（名）	yōushì	4	superiority	優位	우세
优先	（副）	yōuxiān	14	take priority	他のものより先にする、優先的	우선

优秀	（形）	yōuxiù	4	excellent	優秀だ	우수하다, 뛰어나다
有备无患		yǒubèiwúhuàn	14	be prepared against want	備えあれば憂いなし	유비 무환, 사전에 방비하면 우환이 없다
有利	（形）	yǒulì	4	advantageous	有利だ、役に立つ	유리하다, 유익하다
有效	（形）	yǒuxiào	12	effective	有効だ、効き目のある	유효하다, 효력이 있다
诱惑	（名）	yòuhuò	7	attraction	人間性	유혹하다, 호리다
诱惑力	（名）	yòuhuòlì	13	temptation	疑惑力	유혹력
预测	（动）	yùcè	14	forecast	予測する	예측하다
预期	（名）	yùqī	12	anticipate	予定、期待	예기하다
遇到	（动）	yùdào	4	meet; encounter	当面する、ぶつかる、出会う	만나다, 마주치다
冤枉	（形）	yuānwang	12	not worthwhile	無実の罪を着せる、罪を擦り付ける	억울하다, 원통하다, 분하다
员工	（名）	yuángōng	2	employee	雇用者	직원과 노무자. 종업원
原来	（副）	yuánlái	3	indicates discovery of the truth of a situation	そもそも	원래. 본래
原油	（名）	yuányóu	14	crude oil	原油	원유
原则	（名）	yuánzé	14	principle	原則	원칙
原装	（形）	yuánzhuāng	9	factory-packed	できた後未加工のままの製品	원래 부속품
愿望	（名）	yuànwàng	12	wish	願い	원망
愿意	（动）	yuànyì	1	to would like to; be willing... to	たい、願う	~하기를 바라다. 희망하다
月薪	（名）	yuèxīn	4	salary	月給	월급, 월봉
运气	（名）	yùnqi	10	fortune	運	운세, 운수
运行	（动）	yùnxíng	13	run	運行する	운행하다
运用	（动）	yùnyòng	7	to make use of something	運用する	운용(하다)
蕴涵	（动）	yùnhán	12	abound in	潜める	내포하다

词汇总表

Z

宰人	zǎi rén	13	harm someone in business	消費者に高値を支払われる不当販売行為	폭리를 취하다
造成	（动）zàochéng	2	to cause	引き起こす、来たす、もたらす	만들다. 초래하다
责任	（名）zérèn	1	responsibility	責任	책임
增加	（动）zēngjiā	11	increase	上がる、増加する	증가하다
债务	（名）zhàiwù	12	debt	債務	채무
占	（动）zhàn	6	to take up	占める	점하다
招聘	（动）zhāopìn	4	to engage through public notice; invite applications for a job	募集する	초빙하다, 모집하다
争论	（动）zhēnglùn	1	to discuss; to argue	論争する、意見を戦わす	쟁론(하다). 논쟁(하다)
争取	（动）zhēngqǔ	8	to try to realize	実現を目指して努力する	쟁취하다
争先恐后	zhēngxiān-kǒnghòu	14	rush to the fore	遅れまいと先を争う、我先にと争う	늦을세라(뒤질세라)
正常	（形）zhèngcháng	1	to be normal	正常だ	정상(적)이다
正好	（副）zhènghǎo	5	just right	ちょうど	계제 좋게. 공교롭게도
证明	（动）zhèngmíng	10	to prove	証明する、証拠立てる、裏付ける	증명하다
政策	（名）zhèngcè	4	policy	政策	정책
支持	（名）zhīchí	8	support	支持する	지지
支柱	（名）zhīzhù	12	support	柱、サポティング一	지주, 버팀대, 받침대
知名	（形）zhīmíng	3	famous	有名だ	지명하다. 유명하다
知名度	（名）zhīmíngdù	7	popularity	知名度	지명도

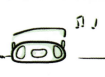

直接	（形）zhíjiē	2	direct	直接的だ	직접(의). 직접적(인)
直说	（形）zhíshuō	4	to say directly; to say out	直接に言う	직언하다, 숨기지 않고 솔직히 말하다
值得	（动）zhídé	6	be worth the money; deserve	する値打ちがある	~할 만하다
指	（动）zhǐ	5	refer to	指す	가리키다
至于	（动）zhìyú	3	as far as	を言ったら、…ほどまでになる	~으로 말하자면. ~에 관해서는; ~의 정도에 이르다. ~한 결과에 달하다. ~할 지경이다
制定	（动）zhìdìng	3	to constitute; to establish	制定する、取り決める、立てる	제정하다. 만들다. 세우다
质量	（名）zhìliàng	1	quality	質	품질
中介	（名）zhōngjiè	12	broker	仲介する、媒介する	중개하다
种	（动）zhòng	3	to plant; to cultivate	耕す	(씨를) 뿌리다. (모를)심다
重视	（动）zhòngshì	2	pay great attention to	重視する	중요시하다
周边	（名）zhōubiān	12	nearby	周辺	주변
周到	（形）zhōudào	3	thoughtful	行き届いた	세밀하다. 빈틈없다
周围	（名）zhōuwéi	5	circumference	周囲	주위
抓紧	（动）zhuājǐn	15	strive to do	しっかりつかむ、ゆるがせにしない、急いでやる	꽉쥐다, 단단히 잡다
专家	（名）zhuānjiā	6	expert	専門家	전문가
专利	（名）zhuānlì	8	patent	特許	특허
专卖店	（名）zhuānmàidiàn	13	specialty	特許店	전매점
转化	（动）zhuǎnhuà	8	to change; transform	転化する	전화, 변하다
赚	（动）zhuàn	7	to make a profit; gain	儲かる	벌다, 이윤을 얻다, 이익을 보다
装修	（动）zhuāngxiū	12	fit up; decorate	飾り付ける	집 따위의 내장 공사를 하다

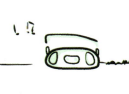

追求	（动）	zhuīqiú	12	go after; chase	追求する	추구하다
着手	（动）	zhuóshǒu	10	to set about	取り組む、着手する	착수하다, 손을 대다, 시작하다
咨询	（动）	zīxún	14	seek advice from	諮詢	자문하다
资金	（名）	zījīn	5	capital	資金	자금
资料	（名）	zīliào	6	material; data	資料	자료
资源	（名）	zīyuán	12	resource	資源	자원
滋味	（名）	zīwèi	10	flavor; taste	味	맛; 기분
自助游	（名）	zìzhùyóu	15	budget traveling	個人旅行、セルフトラベリング	자조식 수영
总体	（形）	zǒngtǐ	11	total	総合的だ	총체적. 전체적
总之	（连）	zǒngzhī	1	in conclusion; in short	とにかく、要するに	한마디로 말하면. 하여간. 아무튼. 결국. 총괄적으로 말해서
租	（动）	zū	5	rent; hire	レント	임대하다, 세내다
租金	（名）	zūjīn	12	rent charge	賃金	임대료
组织	（名）	zǔzhī	3	organization	組織、機構	조직
组装	（动）	zǔzhuāng	9	to put toget	組み立てる	조립하다
尊重	（动）	zūnzhòng	9	to attach importance to and treat seriously	尊重する	존중하다. 중시하다
作用	（名）	zuòyòng	1	function; effect	働き、作用	작용